杏林仁者

曲 鹏◎著

医生

中国出版集团

现代出版社

图书在版编目（CIP）数据

杏林仁者/曲鹏著. ——北京：现代出版社，
2013.1 （2024.12重印）
（我的未来不是梦）
ISBN 978-7-5143-1061-0

Ⅰ.①杏… Ⅱ.①曲… Ⅲ.①医生－生平事迹－世界
－青年读物②医生－生平事迹－世界－少年读物
Ⅳ.①K816.2-49

中国版本图书馆 CIP 数据核字(2012)第 292875 号

我的未来不是梦—杏林仁者(医生)

作　　者	曲　鹏
责任编辑	李　鹏
出版发行	现代出版社
地　　址	北京市朝阳区安外安华里 504 号
邮政编码	100011
电　　话	(010) 64267325
传　　真	(010) 64245264
电子邮箱	xiandai@cnpitc.com.cn
网　　址	www.modernpress.com.cn
印　　刷	唐山富达印务有限公司
开　　本	700×1000　1/16
印　　张	12
版　　次	2013 年 1 月第 1 版第 1 次印刷　　2024 年 12 月第 4 次印刷
书　　号	ISBN 978-7-5143-1061-0
定　　价	47.00 元

序　言

　　这套以"我的未来不是梦"命名的丛书，经过众多编者的数年努力，终于以这样的形式问世了。

　　此时，恰值党的"十八大"刚刚胜利闭幕，选举出了以习近平同志为首的党中央领导集体。"十八大"报告中对教育领域提出："坚持教育为社会主义现代化建设服务、为人民服务，把立德树人作为教育的根本任务，培养德智体美全面发展的社会主义建设者和接班人。"这使我们编者更感此套丛书生即逢时，契合新时期新要求，意义重大。

　　我们编写的这套《我的未来不是梦》系列丛书，精选了古往今来的一些重要职业，尤以当下热点职业为重。而"梦想的实现"则是本套丛书的核心。整套书立意深远，观点新颖，切合实际，着眼实用，是不可多得的青少年优质读物。

　　我们深信，这套丛书必将伴随小读者们的生活与学习，而促进他们德智体美全面健康的成长。更使他们对未来充满信心，驾驭着新知识和新科技，驶入海洋，飞向蓝天，去实现最美好的梦想！

目录 CONTENTS

第一章 医生那点儿事

至高之境 …………………………………008

中医的始祖 ………………………………009

《千金方》和它的作者 …………………012

保生大帝 …………………………………013

金元四大家 ………………………………013

闻名世界的《本草纲目》………………014

蛇杖的传人 ………………………………015

医学在罗马 ………………………………016

阿拉伯半岛的医生 ………………………017

文艺复兴时期的医学 ……………………017

现代医学 …………………………………019

第二章 精勤不倦

无非勤学而已 ……………………………025

学无止境 …………………………………028

何来扁鹊 …………………………………031

也说医圣 …………………………………033

针砭人生 …………………………………035

谁言"抱朴子" …………………………037

元代大家朱震亨 …………………………040

读出的名医 ………………………………042

第三章 大慈恻隐

巴特托尔茨市的"中国神医" …………047

我们心中的敬畏 …………………………050

每一张床都救过人 ………………………052

药师佛的传说……………………………054

啤酒好喝……………………………056

仁心仁术……………………………059

医生琐记……………………………061

倾听病人的心声……………………064

提灯女神……………………………066

第四章 温雅自重

为求心安……………………………071

积极心态将改变人生………………073

好心情………………………………075

上帝总会给你一扇窗………………077

放轻松………………………………080

第五章 信仰之力

人要活在信仰中……………………085

"中华骨魂"郭春园…………………087

患者为上……………………………089

纪念白求恩…………………………092

吴有性：苟利患者生死以,岂因祸福避趋之…095

不为良相,愿为良医…………………096

冷静…………………………………098

天职…………………………………100

以活人为心,不记宿怨………………102

当年的协和女医……………………105

第六章 相信自己

我信我行……………………………111

绵竹 20 岁的"小医生"………………112

成功并不像你想象的那么难………115

其实大家都一样……………………117

自信的理由…………………………120

第七章 技高一筹

扁鹊"起死回生"·······························125
华佗医病 ·································127
关于医疗的几则故事·······················133

第八章 维新进取

维新何在 ·································147
扁鹊和牛黄·································149
张仲景蜂蜜治便秘·························151
华佗的维新·································153
华佗巧用绿苔治蜂毒 ·····················155
华佗三试青蒿草···························156
孙思邈的创新与突破·······················158
李时珍的探索与发现·······················161
换个想法，便能换来一切·················164
革新中医 ·································166

第九章 行医是一种艺术

特鲁多的故事·····························173
扁鹊对自己的认知·························175
人性化的关怀·····························177
花香不散 ·································178
富贵浮云·································179
孙思邈说医理·····························182
给自己做手术的医生·······················183

第十章 我的未来不是梦

名医如是说·································189
我们可以这样来做"它"·····················191

第一章

医生那点儿事

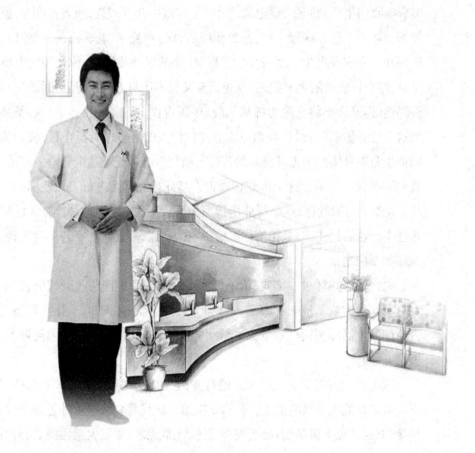

■ 至高之境

斗转星移，东兔西乌，杏林依旧，物异人非。在时间的刻痕上，有那么多影响我们生活的职业，被记起，被传扬，浮沉中几度兴衰，或震古烁今，或做烟云散去。然而碌碌人世，总是佛陀所言的八苦，生老病死，一世轮回，你要和一个职业发生或多或少的关联，生命的伊始或终结，你要与它有所交会，这个行业既陌生又熟悉，既想亲近又忍不住与之疏离，虽有时不免些许怨憎，但又多会将它奉为神祇一般。中国古代，悬壶济世、妙手仁心都是为这个行业做就的敕封，在西方它有蛇杖传人的名号。时至今日，我们依旧把生命中身体似乎无可规避的苦难与痛楚放心地交予这个行业去疗治，我们不吝赞美之词，这个行业在助世人与死神和病魔进行着最残酷的争斗。人类文明的续存，这个行业所作所为磨灭不去。以上种种诠释无法尽述这个行业的过往，但是相信你已猜出它的名讳——医生，字若鸿毛之轻，意却如泰山之重。

央视曾经热播过一部叫《大宅门》的大戏，一部中国药业豪门史，剧中在百草厅的中堂上挂着一幅字，"修和无人见，存心有天知"。让我们望见百草厅的生活原型同仁堂乐家老铺当年的人们在这两行字下，如何做人，做医，做药。

医生这门古老又有无限未来的行业，它的传承中沿革如何，有哪些写下传世之作的大师级的医生？什么是医道？唐代著名医学家孙思邈《大医精诚》有说："凡大医治病，必当安神定志，无欲无求，先发大慈恻隐之心，誓

愿普求含灵之苦……勿避险希、昼夜、寒暑、饥渴、疲劳，一心赴救，无作功夫形迹之心。如此可为苍生大医。"此中或可解读一二。

藉此也让我们一同去医生历史的漫长路途中回溯一下，秉烛信步前行，我们且借着这点光亮，回到它的过去，看看在这个行业中留下痕迹的人们是怎样从一个极其普通的人，最后成长为一代大师，成为医生的历史中最为耀眼的明星！

同时让我们与他们一起，为他们的后辈，为这个行业的来者寻找成功之道，且看这个行业的先辈们如何饱尝破茧而出时撕心裂肺的痛苦，以来体会最终获得医道至高之界的无上心境！

中医的始祖

我们先从源远流长的中医讲起，在最早播撒文明种子的土地中，华夏大地无疑有中华儿女引以为傲的资本。我们的祖先为了向疾病作斗争，做过多种尝试，在商代的甲骨文里，就有与疾病相关的占卜辞五百多条，当然在那时巫医不分。《山海经》中就有巫咸、巫彭等十巫"操不死之药"的记载。到了周代巫、医开始分家。《周礼》就分"巫祝"与医师两类，医又分食医、疾医、疡医、兽医等，由医师管理。商代"伊尹为汤液"（皇甫谧：《甲乙经》），而且除石砭外，针灸已用金属的针具。春秋战国时出现了《五十二病方》与《黄帝内经》一类医学理论著作。由此我们也要说说两位中华医术的创始人，也是中医的始祖，黄帝轩辕氏和神农氏。

《黄帝内经》分《灵枢》、《素问》两部分，早在汉代即已说明是托轩辕黄帝之名所作，实为医家、医学理论家联合创作，一般认为成书于春秋战国时期。在以黄帝、岐伯、雷公对话、问答的形式阐述病机病理的同时，主张不治已病，而治未病，同时主张养生、摄生、益寿、延年。对后世中医有巨大影响，被奉为中医经典著作。因是黄帝与岐伯讨论医学的专著，《黄帝内经》

我的未来不是梦

也称岐黄之术。自然，岐黄也就成了中医的别名。

相传黄帝时期出现了三位名医，除了雷公和岐伯两人外，名气最大的是俞跗。他的医道非常高明，特别是在外科手术方面很有经验。据说，他治病一般不用汤药、石针和按摩，而是诊断清楚病因后，除非要做手术时就用刀子划开皮肤，解剖肌肉，结扎。传说有一次，俞跗在过河时，发现一个掉河里淹死了的女人被几个人打捞出来准备埋葬，俞跗挡住他们询问死者掉进水里多长时间。抬尸体的人说，刚掉进水里，捞上来就断气了。俞跗让他们把尸体放在地上，先是摸了摸死者的脉搏，又看了看死者的眼睛，然后又让人找来一条草绳，把死者双脚捆绑好，倒吊在树上。开始大家都不理解俞跗为什么要这样做。死者刚一吊起，就大口大口地往外吐水，直到不吐时，俞跗才叫人慢慢将死者解下来，仰面朝天放在地上，双手在死者的胸脯上一压一放。最后他拔掉自己的几根头发，放在死者鼻孔上观察了一阵，发现发丝缓缓地动了动，才放心地对死者家里人说："她活过来了，抬回家好好调养吧！"又一个仁心活人的故事，医者情怀千年前即如是。

另一位神农氏的事迹更是家喻户晓。上古时候，五谷和杂草长在一起，药物和百花开在一起，哪些粮食可以吃，哪些草药可以治病，谁也分不清。黎民百姓靠打猎过日子，天上的飞禽越打越少，地上的走兽越打越稀，人们就只好饿肚子，采食树木的果实，生吃螺、蚌之肉，因此很容易被疾病毒物所伤。

于是神农教导人民根据土地的不同情况，播种五谷。同时他亲自"尝百草之滋味，水泉之甘苦，令民知所辟就。当此之时，一日而遇七十毒"。这就是著名的"神农尝百草，一日遇七十毒"的故事来源。

先民在寻找可食物的过程中，会遇到许多毒物，从而逐渐认识食物、毒物的性质，并因势利导，将它们运用于医疗，由此也就产生了医药。擅长这种知识运用的就是最早的中药医生。

东周列国，即春秋战国，既是中国历史上的一个乱世，同时宣示着一个更伟大的秦汉时代的到来，这个时代，学术思想活跃，正所谓"百花齐放，百

家齐鸣"。医学和巫术也走向分离,医学逐渐形成向科学性学科转换的过程。临床医学的分科已现端倪,趋于专业化。出现了名医扁鹊。扁鹊治病采用砭石、针灸、按摩、汤液、手术、吹耳、导引等综合方法,所以能起死回生,号为神医。他的故事最有名莫过《扁鹊见蔡桓公》。话说扁鹊来到了蔡国,桓公知道他声望很大,便宴请扁鹊,他见到桓公以后说:"君王有病,就在肌肤之间,不治会加重的。"桓公不相信,还很不高兴。5天后,扁鹊再去见他,说道:"大王的病已到了血脉,不治会加深的。"桓公仍不信,而且更加不悦了。又过了5天,扁鹊又见到桓公时说,"病已到肠胃,不治会更重",桓公十分生气,他并不喜欢别人说他有病。5天又过去了,这次,扁鹊一见到桓公,就赶快避开了,桓公十分纳闷,就派人去问,扁鹊说:"病在肌肤之间时,可用熨药治愈;在血脉,可用针刺、砭石的方法达到治疗效果;在肠胃里时,借助酒的力量也能达到;可病到了骨髓,就无法治疗了,现在大王的病已在骨髓,我无能为力了。"果然,5天后,桓侯身患重病,忙派人去找扁鹊,而他已经走了。不久,桓公就死了。由此我们多了一个有关医学的成语——讳疾忌医。

秦汉时,以伤寒、杂病和外科为最突出的临床医学达到了前所未有的水平。这是中国医学史上的第一次高峰。三国两晋南北朝时期,中国社会长期处于动乱割据的状态,医药学在脉学、针灸学、药物方剂、伤科、养生保健、中外交流等各方面取得了成绩,为医学的全面发展积累了经验。这时也盛传一些名医的故事。

一代名医张仲景,著有《伤寒杂病论》传世。另一位就是华佗,字符化,而据说华佗是梵语阿伽佗——药神之义。他是安徽宿县一带人,和曹操算是老乡。他精通内外科、妇科、小儿科,但又不慕名利,不愿做官。相传有人肚子疼得厉害,经他诊断是"肠臃"。他给病人服了麻沸散,动了剖腹手术,几天就痊愈了。《三国演义》里描写他给关羽刮骨疗毒。他行医在江苏、山东等地,活人无数,并创"五禽戏"作为养生、锻炼之用。他是中国也是世界上最早的外科手术医生,号为神医,被尊为外科祖师。在江苏徐州有华佗的纪念墓,沛县有华祖庙。北京南横街西,旧有华佗庙。而且据说,

我的未来不是梦

华佗被杀前，为报一狱吏酒肉侍奉之恩，曾将所用医书装满一青囊送与他。华佗死后，狱吏亦行医，使华佗的部分医术流传下来，据此，后人称中医为青囊。

隋唐时期，中国迎来又一次的盛世，国家一统，国力强盛，文化繁荣，形成了一种更为活跃和开放的社会氛围。中医在这一时期得到了更为全面的发展。唐高宗组织苏敬等人率先完成了世界第一部药典性本草——《唐本草》的编修工作。全书载药 850 种，还增加了药物图谱，进一步完善了中药学的规模格局。

■ 《千金方》和它的作者

孙思邈精通医术，造诣较高，又不慕荣利，推辞做官，隐居太白山与终南山。他著《千金要方》总结了中医临床各科的诊断、治疗、针灸、预防、卫生等，将中医发展到一个新阶段。对他的神化，从唐代就已开始。唐段成式《酉阳杂俎》卷二与张读《宣室志》均载：开元年间，天大旱。胡僧在昆明池边筑坛祈雨，实则要取池中龙脑为己用。龙王向孙思邈求救。孙说："听说你龙宫有仙方三千(一说三十)，你传给我，我就救你。"龙王果献出仙方而被解救。这仙方就在孙思邈的《千金方》里。《太平广记》卷二十一记载了孙思邈成仙的经历。清代王士禛《池北偶谈·孙真人》载，一妇女得蛊胀，诸医束手，忽孙真人出现，"年可三十许，以连环针针心窍上，久之遂醒，不知身之已死也"。元代官方以三皇庙为药王庙每年以医生主持祭祀，从祀者就有扁鹊、华佗、孙思邈等历代名医。明代刘侗《帝京景物略》卷三记北京药王庙："天坛之北药王庙，武清侯李诚铭立也。庙祀伏羲、神农、黄帝，而秦汉来名医侍。"

两宋是中医药学发展的重要时期。政府的重视在医药发展上发挥着

更加重要的作用。北宋官府组织人员编纂方书和本草、设立校正医书局、铸造针灸铜人、改革医学教育、设立惠民局、和剂局、安剂坊、养济院、福田院等等。

保生大帝

宋代有一个关于医生的很有意思的故事。据说这位医生生前就是一位远近闻名的名医，死后被神化为神灵，他就是俗称孙真人的孙本，福建泉州同安县人。他字华基，号云东，生于宋太平兴国四年(979)，卒于景佑二年(1036)，曾官御史，辞官归隐，终身以医道济世，活人无数。泉、漳一带曾发生旱灾、疟疾，他全力救助，故死后民间传为神，庙宇遍及泉、漳间。后南宋朝廷谥为"慈修"、"英惠侯"。民间关于他的传说很多，传他曾助朱元璋大战陈友谅，故追封"昊天御史医灵真君"；又传他医好明成祖的孝慈皇后的乳疾，又敕封"昊天阙御史慈济医灵妙道真君万寿无极保生大帝"。在我国的东南地区以及台湾，"保生大帝"被医界奉为祖师。

辽、夏、金、元与两宋王朝并立以至元灭宋统一全国。这是北方少数民族与汉族文化大融合时期，是中国医学史上学派争鸣、民族医学奋起的一个辉煌的时期，为多源一体化的中国传统医学注入了新的活力，呈现了蓬勃的生机。

金元四大家

这一说是指金元时期(1115—1368)的刘完素、张从正、李杲、朱震亨四位著名的医学家。在学术上，他们各有特点，代表了四个不同学派。

其中尤以朱震亨（1281—1358）最为著名。朱震亨，浙江义乌人，世居丹溪之边，因以为号，30岁时才改儒学医，对刘、张、李各派学术都做过认真研究，成为当时著名的医学家。主要著作有《格致余论》、《局方发挥》。他充分研究了《内经》以来，各家学说关于"相火"的见解，创造性地阐明了"相火"有常有变的规律，提出了著名的"阳常有余，阴常不足"的观点，临症治疗上提倡滋阴降火之法。世称"滋阴派"。同时强调节制食欲、色欲的重要性。他的学说丰富了祖国医学，在国内有很大的影响。被誉为"集医之大成者"。在国外，日本于15世纪曾成立过"丹溪学社"，专门研究他的学说。

元末明初著名文学家宋濂（1310—1381）在为朱震亨《格致余论》题辞时说："金以善医名凡三家，曰刘宋真（刘完素）、曰张子和（张从正）、李明之（李杲），虽其人年之有先后，术之有救补，至于推阴阳五行升降生成之理，皆以《黄帝内经》为宗，而莫之异也。"又说：元朱震亨《格致余论》"有功于生民者甚大，宜与三家所著并传于世"。自此而后，"金元四大家"之称则流于世。

明代，医药学发展出现革新趋势。在探究传染病病因、创造人痘接种预防天花、中药学研究等进入新的层次。中外医药的交流范围已达亚、欧、非许多国家与地区，中学的输出、西学的东渐，使中外医学文化在交流接触中互惠受益。

■ 闻名世界的《本草纲目》

明代医药学家李时珍历时27年，完成了中药学巨著《本草纲目》，全书载药1892种，成为中国本草史上最伟大的集成之作。

清代前、中期，医学趋于普及与升华发展的时期，王清任躬身于人体解剖，著有《医林改错》，体现了"中国医界大胆之革命论者"的开拓进取精神。

上述的这一切，是中国古代医学波澜壮阔的历史梗概。这样一脉相

承、绵延数千年一直未曾中断的医药文化及文明,是世界医学史上所罕见的。中国古典医籍数量之大,名医辈出,人数之多,在同时期的世界范围内也不多见。中国传统医药学有着强有力的生命力,它随着时代的前进而发展。经过了与近代医药文化的撞击、对抗到结合,也注意从国外先进文化中吸取有用的东西,遂出现了中西汇通合纂的探索。传统医学正在走向现代化。由此,我们荡开一笔,再来说说西方的医生。

■ 蛇杖的传人

在古希腊神话中,太阳神阿波罗和森林女神所生之子艾力彼(Asclep-ius)是医药神。艾力彼友善而明智,公正又乐于助人。他是一个慈眉善目的漫游人,长着长长的胡子,手执一根伴随他一路漫游的神蛇缠绕的多节手杖。在药用植物丰富的贴撒利亚地区的一个山洞里,他向许多希腊英雄传授药学和医学知识,这样英雄们在战争中受伤时可以互相医治。

根据《荷马史诗》记载,古希腊的一个英雄被箭射伤,生命危在旦夕,请求他帮助,艾力彼搂住英雄的胸部,用刀子把尖利的、使人疼痛难忍的箭头从身体挖出来,然后敷上洋葱。

艾力彼被敬为希腊的医药神一直被传颂到今天,他在世人心目中的形象是"神蛇与权杖"。根据希腊神话,艾力彼出诊时有个习惯,总是带着一条神蛇做伴。因此,手杖缠绕其间的蛇就成为医学的主要象征。当今的"世界卫生组织"(WHO)以及许多国家的医学机构、卫生部、医院均以"神蛇与权杖"为标志。"神蛇与权杖"成为医学的象征。所以西医也被称为蛇杖的传人。

西方医学史在医学起源方面大体上与中国没有多大差别,四大文明古国都有其自己独特的医学,但是如美索不达米亚等医学都已终绝了。与现

我的未来不是梦

代医学有着直接香火之情的,只是肇端于希腊的医学而已。古希腊的时代是自然哲学得以兴起的时代,哲学是一切事物的学问,在这样的哲学环境中成长起来的医学,也就注定走上了一条与在伦理哲学环境中成长起来的中医不同的发展道路。

古希腊医学奠基阶段的代表人物是希波克拉底。他是希腊人。亚历山大利亚学者将受托勒密王委托将其文稿编为《希波克拉底文集》,是具有科学精神的古希腊医学代表人物,被欧洲人称为医学之父。希波克拉底学派的形成,标志着公元前4世纪,西方医学已摆脱迷信的束缚,产生了一个比较合理并近乎科学的体系。

其中写于2400年前的《希波克拉底誓言》是最为今人所熟知的,总共只有500多个字,但是产生的影响却非常深远。至今,几乎所有学医学的学生,入学的第一课就要学《希波克拉底誓言》,而且要求正式宣誓。

■ 医学在罗马

此后,马其顿被罗马灭国,医学中心转向罗马。罗马人首创了医院,并在公元3世纪初颁发过医师资格证书。注重公共卫生,十二铜表法有若干专门规定。有公共浴池和上下水。古罗马最伟大的医生就是盖伦。盖伦曾解剖过许多动物,写成了有史以来第一部系统研究人体解剖的著作《论解剖学规程》。他很注重视药物治疗,利用大量植物药配置了各种剂型的制剂,被西方尊称为"医圣"。

可让人很不解的是,如此重视公共卫生的罗马帝国,自公元初到6世纪,发生了6次大瘟疫,严重时每天死亡万人,直接导致了西罗马帝国的灭亡。在学术上,对天灾疾病的恐惧(同时也杀掉了一批优秀的医生)导致了神学的抬头,并出现了经院医学,这一时期欧洲的医学实在是乏善可陈。

只有东罗马帝国的教堂里还有一群用拉丁语的学者型僧侣传承着希腊、罗马和阿拉伯的传统医学。奥利巴锡阿斯编撰教堂医学,遵循盖伦,引述亚里士多德,保留了古典医学的思想。此前各阶段的医学都强调解剖,但是多拿动物做解剖,可以称为比较解剖学。若干谬误持续了上千年才得以纠正,也许这就是时间给予我们的回报和惩罚吧。

■ 阿拉伯半岛的医生

随着阿拉伯地跨欧亚非三洲大帝国的建立,同时作为东西方文化传播的纽带,世界医学的中心转移到了阿拉伯世界,阿拉伯开展了百年翻译运动,全面吸收了东西方的科技哲学成就。阿拉伯医学黄金时期的代表人物是阿维森纳,著有《医典》,基本思想承袭希波克拉底的四体液学说,继承了希腊、罗马的医学成就,并吸收了中国、印度的医学成就。全书分 5 卷,内涵生理、病理、卫生、诊断、药物等内容。《医典》有很多内容代表了阿拉伯医学的成就,如用酒精处理伤口,认识到结核、鼠疫等疾病的传染性,甚至对某些传染病提出过病原体的问题,阿维森纳还记载了脉象,48 种脉象中有 35 种与中国相同。医学其他的成就有麻醉手术,开设药厂、药剂学校设立药房。临床医学和医学教育共同在医院内完成。

■ 文艺复兴时期的医学

起始于 14 世纪初,兴盛于 16、17 世纪的文艺复兴运动,不仅带来了欧洲思想学术的解放,也为生物医学奠定了基础。

帕拉塞尔苏斯是文艺复兴时期最有代表性的医学家之一,被誉为医学

改革家,最早攻击盖伦学说,焚烧阿维森纳的著作,以示与中世纪医学决裂。他重视科学和经验,反对脱离实际的理论,重视应用化学药品,是一名优秀的临床医学家。但他在哲学上相信神创论,认为生命来自活素,相信占星术,主张象征学说,认为药用植物的外形决定其治疗作用,是一个化学病理学家和活力论者。

人体解剖学的奠基人和现代医学科学的创始人是维萨里。他明确地提到盖伦的解剖是针对动物进行的,与真正的人体有着诸多本质的不同。1543年维萨里出版了划时代的著作《人体的构造》,受到先进的医学家和科学家的欢迎,却遭受了盖伦主义者的联合攻击。比如维萨里第一次与盖伦相反地描述了静脉和人类心脏的解剖,改正了盖伦关于肝脏、胆管、子宫和颌骨等的200余处解剖学错误,还讨论了活体解剖,给人们以全新的人体解剖知识。维萨里的革新精神赢得了各国科学家的响应,从此解剖学得到更深入的发展,奠定了近代西方医学发展的基础。此后法罗比奥创立解剖研究室,莫甘尼建病理研究室,特别是莫甘尼还著有《论疾病的部位与原因》,提出一切疾病的发生都有相对应的脏器的改变,寻找病灶是进步的,但从物质实体去寻找疾病的成因带有机械唯物论的痕迹,割裂了人的整体性,否定器官间的相互联系,这种局限性需要用时间弥补,用实践改进。文艺复兴时期的医学家认为"自然如不能被目证就不能被征服"。

意大利的桑科托瑞斯首次将度量的概念应用于医学,设计了最早的体温计和一种比较脉搏快慢的脉动仪。17世纪医学史上最重要的发现就是哈维的血液循环。哈维既从事临床也从事基础实验研究。他首先证明心脏是血液循环的原动力,然后计算心脏容量、离心血量、回心血量、血液流动时间,终于证实了血液循环的设想。哈维后来发表了《论动物心脏与血液运动的解剖学研究》,将前人关于心脏和血液的错误暴露无遗,粉碎了以前一些根深蒂固的观念,虽然一时受人嘲笑,但终被人接受,自此生理学成为一门独立的医学。

生理学之父哈勒,著有《生理学纲要》,重点是神经系统的生理功能,研究了血管和神经的生理学,提出应激学说,经过大量动物实验和观察,提出

脑是神经中枢。法国人瑞奥马提出消化是一种化学过程。而17世纪显微镜的发明和利用使人的视觉从宏观到微观,此后生物医学获得了大发展。

临床医学在18世纪进步是比较明显的,充分显示了其学科的科学性。在诊断学方面,奥地利医生奥恩布鲁格创立了叩诊法,著有《由叩诊胸部而发现的不明疾病的新考察》,与听诊法几乎同时应用于临床,突破了四体液说,开始从人的器官寻找发病原因,是西医史上很重要的飞跃。

内科学上,近代西方内科学之父,生活于17世纪的英国医生西德纳姆打破教条,重视临床。他提倡医生应回到病人身边,重视临床,主张以病人为中心,医学的基本目的在于治愈病人,其他一切远离病床的理论都应停止。在他的倡导下,18世纪的西医学重新掀起了重视临床的风气。

外科学方面,法国军医巴雷在长期实践中总结了不少外科新经验,并使外科医生的地位大大提升。亨特创立了有关动脉瘤的手术,建立了动物标本室。法国著名外科医生佩龙尼擅长肠疝修补术和肠外伤修复术。法国医生贝萨拉克是膀胱结石刀的发明人,德国人里奇特是对疝气实行手术疗法的第一人。

在传染病方面意大利医师伏拉卡斯托罗对传染病的性质有了正确的认识,著有《论传染和传染病》,将传播途径分为接触传播、间接接触传染和远距离传染,将传染源解释为微小粒子。

■ 现代医学

现代医学是19世纪早期伴随"医院医学"出现的。法国大革命后,医院从慈善机构变成了医学教育和研究的中心。法国建立起以医院为核心的医学教育体系和医院服务体系。内外科获得了同等地位,尸体解剖得到允许,逐步形成了以病理解剖为基础,以物理诊断为特征的医院医学。摆脱了单凭经验诊治疾病,以更加客观的物理诊断为工具,采用数学分析方

法，极大地促进了临床医学的发展。在诊断学方面科尔维沙将奥恩布鲁格的叩诊法推广并改良创制了间接叩诊，雷内克发明了听诊器。又有一系列物理诊断技术问世，特别是1895年伦琴发现了X射线。外科学真正取得了突破。外科手术的三大难关——疼痛、失血、感染相继被攻克。在美国，19世纪40年代乙醚被用于手术麻醉，开麻醉技术的先河，此后氯仿、水合氯醛、普鲁卡因等相继用于麻醉，消除了手术的痛苦，提高了手术的安全系数，扩大了手术范围，促进了外科学的发展。巴斯德和科赫建立起病原微生物学后，对感染也有了办法。李斯特用石炭酸溶液消毒，伯格曼创用蒸汽灭菌法奠定了无菌外科的观念。此后隔离衣、橡胶手套和口罩等极大地减少了外科手术的感染。奥地利医生兰德斯坦纳于1900年发现了红细胞凝集的本质，使得输血成为可能。在临床治疗学上，主要体现为药物治疗的发展。一是用化学方法提取植物药中的某些有效成分。斯特纳首先从鸦片中提取出吗啡，此后有奎宁、咖啡因等，有效成分的提取为阐明药理作用提供了前提。二是用实验生理学的方法研究药物对器官的作用。三是用生物化学的方法研究药物在体内的代谢过程。此后随着化学工业的进步，使得化学药物的精制和合成有了更快的进步。特别是在1853年法国学者普拉瓦兹发明注射器后，化学药物在临床各科发展更加迅速。临床各科都得到了发展。

19世纪，自然科学的发展为生物医学理论的建立奠定了基础。首先是人体结构与功能理论进一步完善。法国医生比沙提出组织是生命机能的单位，随着光学显微镜技术的改善，德国植物学家施莱登提出细胞是组成一切植物的基本单位。施旺发展了这个学说，认为动物的基本单位也是细胞。1858年德国微尔啸出版了《细胞病理学》，指出所有的疾病来自细胞，所有的疾病都是由细胞发生自动或被动的紊乱引起的。细胞所以能发挥功能，是由于其内部发生的物理和化学过程，显微镜能展示其变化。微尔啸将人类对机体结构和疾病形态改变由组织层面引入了细胞层面，从而确认了疾病的微细物质基础，充实发展了形态病理学，开辟了病理学的新领域。尤为值得一提的是病原生物理论的诞生。法国生物学家巴斯德科学地阐明了发酵和有机物腐败的原理。认为发酵是酵母菌作用的结果，证明细菌只能由细菌发生，驳斥了自然发生说，并发明了加温灭菌的巴氏消毒法。巴斯德的另一项贡献是将细菌与感染联系起来，通过实验证实了该理论。德国细菌学家科赫的主要贡献有三，一是在细菌学研究的手段和方法上做出了突破性的贡献，开创了显微摄影法，首创在玻璃片上制备干细菌膜和染色，发明了固体培养基。二是他本人发现了许多细菌，其中最重要的是结核杆菌。三是提出了鉴定某种特有的微生物是否引起特定疾病的三原则：a.这种微生物必须恒定地和某种疾病的病理症状有关；b.必须在病原体中将致病因子完全分离、纯化；c.必须将在实验室获得的纯培养物在动物身上进行接种实验。如果在实验动物身上表现出与自然患病体相同的症状，才能确定该病的致病因子为该种微生物。

中医西医曾经走过不同的路，但是本质并无不同，为医世人病痛而存在，殊途而同归。泰山和东海，各擅胜场；春兰和秋菊，别具芬芳。西医有西医的特点；中医有中医的长处。蓝眼睛黄头发是一种风景；黑头发黄皮肤也别具神韵。各方应该相互学习和交流，无需对立和抵触。千变万化，千姿百态才成世界，千人一面，一成不变并不符合自然规律。

所以无论作为中医还是西医，对于医生这个职业我们都有共同期望和诉求，拥有正确的知识，广博的经验，敏锐的知觉及对患者的同情等等，都是成为名医，尤其是患者心中的名医不可或缺的条件。

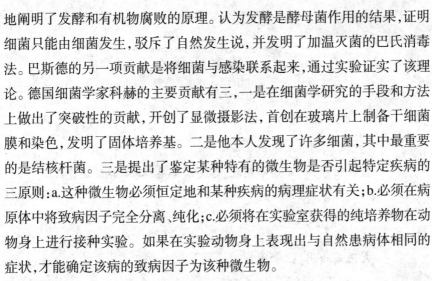

我的未来不是梦

◦ 智慧心语 ◦

盖医出于儒，非读书明理，终是庸俗昏昧，不能疏通变化。

——李梴

夫医药为用，性命所系。

——王叔和

人体欲得劳动，但不当使极耳，动摇则谷气得消，血脉流通，病不得生。譬犹户枢不朽是也。

——华佗

何敢自矜医国手，药方只贩古时丹。

——李时珍

后生志学者少，但知爱富，不知爱学，临事之日，方知学为可贵，自恨孤陋寡闻。

——孙思邈

第二章

精勤不倦

◦导读◦

　　每个行业的成功者都无法回避一个亘古永恒的命题,即你对这个行业的知识掌握多寡决定了你对这个行业的驾驭能力。一位哲人这样来概括学习的价值:"所谓天才,就是学习的天才。"医疗行业是医学硕士、博士扎堆的行业,选择了这个行业,就注定了要有精勤不倦的态度。这便需要你把精准的原则贯穿到你学习的每个细节中,这是勤学所必须的一种精神、一种境界,要耐得住寂寞,孜孜以求,不倦无悔这是勤学的一种素质、一种能力。而这些共同构成你所学所知的整个过程,是完美地从业的关键。

无非勤学而已

　　清代名医徐大椿一生精勤研读医经,他曾写下这样的句子来描述当时读书的样子。"终日遑遑,总没有一时闲荡。严冬雪夜,拥被驮绵,直读到鸡声三唱;到夏月蚊多,还要隔帐停灯映末光。只今日,目暗神衰,还不肯把笔儿轻放。"

　　徐大椿学医,本来是现实的情况逼迫的结果,徐大椿家人多病,三弟患痞病,父亲遍请名医诊治。徐大椿趁此机会天天与那些名医讲论,又亲自制药,医理稍通。接着四弟、五弟相继病死。父亲因此悲伤得病,终年医药不绝。由此他深深感到医学的重要,于是,他把家藏的几十种医书拿来读,朝夕披览,日久通其义。从他开始学医的50年中,经他批阅的书有千余卷,泛览的书万余卷。据《苏州府志》记载,他穷经探《易经》,好读黄、老与阴符家言。既益泛滥,凡星经、地志、九宫、音律、刀剑、技击、勾卒、嬴越之法,没有不通究的,而对于医学更是深研。

　　为免落入窠臼,步入偏见,徐大椿读医书要从源到流,上追岐黄根源,下至汉唐支派。熟读各种医学药典,从中取长补短,增广见识,让书本知识与临床实践联系起来,使之成为可用的救人之术。

　　徐大椿很强调学习前人好的经验与方法,即"学古"。但是,他并非"食古不化",相反,还有"疑古"的精神,敢于批语前人的得失。他读古书坚持了"掇其精华,摘其谬误"的原则,往往把读过的书,重加整理注释,去粗取精,去伪存真。在看《难经》时,将其与《内经》对照,反复比较推敲,发现了

许多新义，并且指出了《难经》不少错误。《难经》中有"寸口脉平而死者，生气独绝于内也"一句，他指出这是错误的，并作出恰当的解释。当时医界中，盛行承袭明代以来"温补派"的治法，用药不考虑病人的体质，仅执一、二温补之方，通治万人不同之病，所谓"执一驭万"。他们的方里往往十有九味是参、附、姜、术、茸、熟地等峻补辛热品，结果药证相逆，杀人无数。面对这种情况，徐大椿郑重地指出：医家要实事求是的诊断病情，用药必须十分慎重，不可不分青红皂白，一味地温补。他在一篇《人参论》的文章里告诫人们，绝对不可以人参为起死回生之药而必服。在与错误偏见斗争中，他总结了如下经验，凡读书议论必审其所以然，要精思历试，不能为邪说所误。

他结合实际，把前人的经验加以整理提高，写出了十几部很有价值的医学著作。《难经经释》《医学源流论》《神农本草经百种录》《兰台轨范》、《伤寒类方》等。这些书均被后代中医奉为金科玉律。他的《兰台轨范》《神农本草经百种录》尤为一般中医所喜爱。徐大椿写书与读书的态度严谨，一丝不苟，往往十年磨一书。在《难经经释》序中，他说，他研究医学十余年，乃注《难经》，又十余年才注《本草》，又十余年才作《医学源流论》，又五年才著《伤寒类方》。写《伤寒类方》，他已满67岁，完稿后又钻研了七年，五易其稿而成。

徐大椿一生不知治好了多少病人，人们对他十分信赖。远近求治，使他一刻也不能宁静。当时皇帝也多次召他上京治病。最后一次，是在他79岁，正当卧病不起时，推辞已属枉然，他只好叫儿子陪扶前往，并带一具棺材，准备途中随死随殓。果然到京第三天他就病死了。临终自拟墓门对联一副："满园灵草仙人药，一径青松处士坟"。一代名医离世而去。

逐梦箴言

　　一代名医虽然难以抵住自然规律的轮转，然而他们在人世上为抵达医学的至高之境，付出了常人难以想象的艰辛，皓首穷经，孜孜不倦，唯有如此，方能成就他们的辉煌和荣光吧！

知识链接

医生的名称的由来

　　最早是对学习医学的人的称呼。"医生"一词，始见于《唐六典》："医生四十人"，即指学习医学的人。唐代置学习医，故有了"医生"之称。医生还有大夫、郎中、杏林等别称。直至近代，医生才成为从医者之通称。

■ 学无止境

　　中医临床大家蒲辅周，有着近 70 载的医疗经验，他始终精研医理，博览兼收，治学严谨，精益求精。在中医没落的年代里，他就立下振兴中医的志向。

　　从青年时期起，蒲辅周就养成了刻苦读书的习惯，不论春夏秋冬，几十年不变。已年近古稀时的他，早已享有盛名，但他坚持阅读的习惯不变。

　　蒲辅周认为，学无止境，学习必须持之以恒。中医的理论深奥而广博，没有坚韧不拔的毅力和活到老、学到老的恒心，是不易掌握的。他对于每一部中医文献，无论篇幅大小，都坚持逐章逐节、逐字逐句地细读，而且反复地读。蒲辅周说，每读一遍，皆有新的启发，只有细细琢磨，才能举一反三。病有万端，药有万变，只有刻苦学习，才能把病看好。

　　蒲辅周一向对自己严格要求，从不文过饰非。他早年在家乡行医，且已享有盛誉，但由于一次偶然的医疗失误，他便毅然停诊 3 年，闭门读书，反思自己的不足。期间，还以一个月的时间将借来的一部日本人编著的《皇汉医学》一书抄毕读完，并感慨地说："外国人尚于中医有如此精深研究，中国人岂甘自卑！"其严于自律的精神，于此可见一斑。他为自己行为定下了 3 条准则：其一，好读书，必求甚解。见重点，作好笔记，加深记忆；有疑义，则反复查证，务求明辨。其二，谨授课，必有准备。讲原文则主题明确，论之有据；作分析则深入浅出，引人入胜。其三，慎临证，必不粗疏。问病情，则详察体认，明其所因；辨证治则胆大心细，伏其所主。他这种从严要

求的治学精神，使他在临证时能分辨细微，审证诊脉之准确较他人更胜一筹。如在一次为一重型乙型脑炎患者会诊的讨论中，出席的医生都认为该患者高热灼手，胸腹痞满，已3日不大便，脉沉数，苔黄腻，可以用泻下的方法治疗。而蒲辅周却认为，虽胸腹痞满，但痞满而不坚，脉象不是沉实而呈现滑象，苔厚腻而非老黄，所以不需用下法，大便会自行排出。正当医生们认真剖析，意见渐趋一致时，护士来报告，说患者已下溏粪。他认证之准确，令同仁叹服。

他不仅严格要求自己，也严格要求学生。他曾经收过几名学生，学生中有出于医学世家的中医，也有西医学习中医的学生，还有中医院校毕业生。对学生他都精心培养，倍加爱护。在学术上，则因材施教，按照学生不同情况提出不同的要求。他要求学生多读书，多看病。凡规定学生看的书，还要求学生提出问题。他说："学问，必须是学而问。"临证则让学生先辨证立法、处方用药，他再修改补定。

曾被授予"国医大师"称号的长春中医药大学附属医院主任医师任继学教授，一再说：医乃活人之术，学不熟何以知医？术不精何以活人！故熟精，是对医者最起码的要求。正如他讲过，医者对医理要博熟精深，对医技要熟练精湛，运用要灵活、准确、精当，因此，要求我们要精勤不倦，深入钻研，对中医重要的理论和经典著作的精辟之处，要熟读背诵，首先在"熟"字上下工夫，"熟能生巧"。只有熟，才能心领神会，窥其奥旨；只有熟，才能抓住要领，妙识通圆。不熟何以精思，不熟何以圆活！为学之道必本于思，思索生智，才能应常变而法不穷，明其理而更显其妙。

逐梦箴言

优秀的医生在医学道路的成就，是基于一点一滴的积累，孜孜不倦的探求，没有谁会随随便便成功，今天的每一个辉煌的身影背后都有过去无数个不懈的付出。

知识链接

大夫名称的由来

大夫是北方人对医生的尊称。大夫本是官名。三代时，天子及诸侯皆设之。分为上大夫、中大夫、下大夫3级。秦汉以来，有御史大夫、谏大夫、太中大夫、光禄大夫等名。清代文官阶自正一品至五品，亦称大夫。旧时，太医院专称大夫。加之唐末五代以后官衔泛滥，以官名称呼逐渐形成社会风气，所以，北方人尊称医生为"大夫"。为了区别于官名，将称医生为"大夫"的"大"读成 dài，而不读 dà。

何来扁鹊

扁鹊是春秋时代的大名医,可扁鹊并不是他的真实姓名,他真名为秦越人,又号卢医。据考证,约生于周威烈王十九年(公元前407年),卒于赧王五年(公元前310年)。他为什么被称为"扁鹊"呢? 这是他的绰号。绰号的由来可能与《禽经》中"灵鹊兆喜"的说法有关。因为医生治病救人,走到哪里,就为哪里带来安康,如同翩翩飞翔的喜鹊,飞到哪里,就给哪里带来喜讯。因此,古人习惯把那些医术高明的医生称为扁鹊。秦越人刻苦钻研,努力总结前人的经验,刻苦学习当时已有的医学知识,成为一个学识渊博的医生。他走南闯北,真心实意地为人民解除疾病的痛苦,获得人民普遍的崇敬和欢迎。于是,人们也尊敬地把他称为扁鹊。扁鹊成为名医,固然有诸多因素,但他广博的医学知识积累,却是他成为名医的关键要素。

逐梦箴言

在名医面前也许盛名不一定让他们心动不已,可行医的实践已经不折不扣地告诉他们,这盛名来之不易,想保住更不易,唯有兢兢业业,终生勤勉。

我的未来不是梦

知识链接

何谓郎中

是南方人对医生的尊称。郎中本是官名，即帝王侍从官的通称。其职责原为护卫、陪从，随时建议，备顾问及差遣。战国始有，秦汉治置。后世遂以侍郎、郎中、员外郎为各部要职。郎中作为医生的称呼始自宋代。尊称医生为郎中是南方方言，由唐末五代后官衔泛滥所致。

■ 也说医圣

张仲景，名机，据传做过长沙太守，所以有张长沙之称。他活了70多岁，这在当时可算是高寿了。

他自小好学深思，"博通群书，潜乐道术"。当他10岁时，就已读了许多书，特别是有关医学的书。他的同乡何颙赏识他的才智和特长，曾经对他说："君用思精而韵不高，后将为良医"。(《何颙别传》)后来，张仲景果真成了良医，被人称为"医中之圣，方中之祖"。这与他"用思精"不无关系，更主要的是善于"勤求古训，博采众方"。勤学不辍，方始成功。

张仲景为人谦虚谨慎，提倡终身坚持学习。他在序文中说："孔子曰：生而知之者上，学则亚之，多闻博识，知之次也。余宿尚方术，请事斯语。"张仲景引用孔子语录，在于说明自己不是天才，只能靠刻苦努力学习来获得知识。他特别表明自己从青少年时期就热爱医学，请允许他扎扎实实地按照孔子的话去做，因为医学没有止境，必须终身坚持学习，活到老，学到老。

张仲景还为后人树立了淳朴无华、勤恳踏实的学风。《伤寒杂病论》著述风格朴实简练，毫无浮辞空论，对后世中医著作影响甚大。他诊病和学习时遇到一丝一毫的疑问，即"考校以求验"，绝不放过，一定要弄清楚是怎么回事。

逐梦箴言

超凡入圣,人之所望,过往圣贤们让后辈们敬仰不已,在他们的履历上却始终不曾少了学习二字,医圣,其实并非别人对他们的封号,而是他们自我砥砺后所结的果。

知识链接

医生如是说

针灸减肥并不是对每个人都会有效。因为针灸减肥的原理是刺激相关穴位,降低食欲,从而达到减重目的。所以,如果你平时食量大,属于单纯性超重,那选择针灸减肥会有不错的效果。可如果你平时就吃得不多,是由于内分泌不调引起了肥胖,那最好还是去内分泌科检查检查。

针砭人生

皇甫谧出生在东汉时安定朝那（今宁夏固原东南，一说甘肃灵台境内）的一个贫苦的农舍中。初取名静，后改谧，字士安。年轻时拜乡里著名的学者席坦为师，数年以后，他已成为一个远近闻名的学者。他认为，不求名利才会无损于生命；不追求富贵，才能获得深厚的道行。因此，尽管郡守曾请他出仕，举荐他为孝廉，相国也征召他去做官，他都拒绝了。他甘心一生玩味经典册籍，为将知识传播他人而著书立说，为后世立言。他40岁时，不幸得了风症，半身麻木，右腿肌肉萎缩，服寒食散又药物中毒，身发热，寒冬时尚须袒露身体服食冰雪，夏天则更烦闷不堪，并伴有咳嗽、喘、浮肿和四肢酸重，时刻处于病危之中。疾病的折磨考验了他的意志，求生的欲望又促使他研读医学典籍，而针灸治疗风症的效果使他更对针灸学感兴趣，于是他广泛研读针灸文献，终于成了一位针灸大家，铸就其"针砭"（砭者，治病石针也）之一生。

当时医学经典著作颇多，但经络胞穴并不统一。于是他把当时风行的《黄帝针经》《素问》及《明堂孔穴针灸治要》三部书进行了比较研究，"使事类相从，删其浮词，除其重，论其精要"，著成《黄帝部针灸甲乙经》10卷，又称《针灸甲乙经》，简称《甲乙经》，约完成于公元259年。南北朝时改为12卷本。原书以天干编次，主论医学理论和针灸之法，故以《针灸甲乙经》命名。《针灸甲乙经》是现存最早而较完整的针灸学着作。前部分阐明脏腑、经络、脑穴、诊法病；后部分论述各病证及针灸法。它是中国晋代以前针灸学成就的总结性文献。

逐梦箴言

古语有言，才不近仙，不可为医，其实是我们对于医生仁术的崇高要求，也是我们对于他们的最大褒奖吧。翻开医学历史，我们看到那么多名医手到病除的故事，却看不到故事的背后他们对自己所从事职业的钟爱与付出，非勤学无以广才，说的就是这个道理吧。

知识链接

坐堂医的由来

是在中药店中为患者诊脉看病的中医大夫。坐堂医源于汉。相传汉代名医张仲景曾做过长沙太守，每月的初一和十五他坐堂行医，并分文不取。为了纪念张仲景崇高的医德和高超的医术，后来许多中药店都冠以某某堂，并把坐在药铺里诊病的医师称为"坐堂医"。这种称呼一直沿用至今。

■ 谁言"抱朴子"

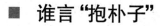

　　葛洪(284—354)，字稚川，自号抱朴子，晋代丹阳郡(今江苏省)人。祖父葛系，曾当过三国时东吴的"大鸿胪"。父亲葛悌，当过西晋时邵陵(今属湖南)太守。葛洪 13 岁时，父亲不幸去世，当时又逢"八王之乱"，葛洪的家很快败落下去。葛洪从小爱好读书，刻苦求学。因家贫无钱买书只好向人家借书阅读，用木炭在地上练习写字。

　　在葛洪年轻的时候，曾应吴兴太守顾秘之邀，到他率领的部队里担任将兵都尉，征讨当时的石冰起义。后来石冰兵败，顾秘邀功，葛洪却辞官独自跑到洛阳，去搜求异书以增广自己的学问。后应故交广州刺史嵇含之约赴广州，认识了南海太守鲍玄。鲍玄通养生术和医药学，他器重葛洪的才华，不但把自己的女儿嫁给葛洪，还把自己的学问也传授给了葛洪。

　　葛洪的兴趣在炼丹和医药这两方面。当他年老的时候，听说交趾(今越南)出产丹砂，这是炼丹的主要原料，于是向朝廷请求到靠近该地的勾漏县(今属广西)去当县令。皇帝认为葛洪资望很高，而县令的职位太小，没有同意。葛洪一再请求说，并非以当大官为荣，而是因为那里有丹砂的缘故，终于得到了皇帝的批准。但他路过广州东面的罗浮山时，见其景色秀丽，主峰飞云顶多瀑布、泉水，便停留于此，炼丹、行医、著述，直到逝世。至今罗浮山这一道教"第七洞天"仍有"葛洪炼丹处"遗迹。

　　葛洪著有《金匮药方》100 卷，因其卷帙浩繁，不便携带，便摘其要者写成《肘后备急方》4 卷。"肘后"是指该书篇幅很小，可以挂在胳膊上随身携

我的未来不是梦

带,相当于现代所说的"袖珍本"。"备急"就是应急的意思,用现代话说,就是一本"急症手册"。这部书里的治病药方,都是民间的草药,又便宜,又方便,深受老百姓的欢迎。《肘后备急方》中的急症,大多是我们现在所说的急性传染病,古时人们叫它为"天行",认为是上天降下的灾祸,是鬼神作怪。葛洪却认为,急病不是鬼神引起的,而是中了外界的病。这见解在当时已算是破除迷信的了。在世界医学史上,葛洪第一次记载了天花这种传染病。他在《肘后备急方》中写道:有一年发生了一奇怪的流行病,病人浑身上下长出一个个的病疮,起初是小红点,不久就变成白色的脓疮,不断溃烂,一碰就破,伴以发高烧、说胡话,十个有九个治不好。就算侥幸治好的,皮肤上也会留下一个个小瘢痕,起初发黑,一年后才逐渐消失。这种病就是天花,记载十分准确和详细,比西方医学界认为最早记载天花的阿拉伯医学家雷撒斯要早500多年。

葛洪还记载了一叫作"沙虱毒"的传染病。他观察到广东罗浮山一带的深山草地里有比小米粒还小的沙虱虫,它螫人吸血时便把沙虱毒带入人体,引起发热。起初身上还会出现皮疹。现在知道,沙虱就是恙虫的幼虫。葛洪关于恙虫病的记载,比美国医生帕姆在1878年的记载要早一千五百多年。《肘后备急方》中还有关于一名叫"尸注"传染病的记载。这种互相传染的疾病,使患者搞不清楚自己到底哪里不舒服,只是觉得怕冷发烧,精神恍惚,浑身乏力,一天天消瘦下去,此病时间长了就会使人丧命,而且"死后复传之旁人,乃至。觉知此候者,便宜急治之。"这是中国对结核病的最早记载。葛洪还记载了一种犬(疯狗)咬人引起的病症,即现在所称的狂犬病。他提出打死疯狗,取出其脑浆敷在病人伤口上的治疗方法,初步体现了近代免疫学的思想。此外,葛洪在他的炼丹术著作《抱朴子》中还记载了用雄黄治毒蛇咬伤,用密陀僧(氧化铅)防腐,用铜青(碳酸铜)治疗皮肤病,用艾叶消毒驱虫等方法,以及"吐故纳新者,因以长"的功疗法。

逐梦箴言

　　名医是怎么炼成的？也许没有一个精确的答案,正如每个行业的精英的产生都没有放之四海而皆准的模式,但是在某种意义上来说,努力勤奋的学习,似乎应该可以作为一个颠扑不破的准则,没有哪个人天生就会什么,人类的伟大之处,不也正在于他的学习能力的吗？

知识链接

医生如是说

　　一天吃 2 份以上的奶制品并不补钙。因为人类并不适合消化牛奶,全球 75% 的人的胃中缺乏消化牛奶中的乳糖的酶。只有生活在欧洲、中亚等地的人,由于可以经济而安全地饲养奶牛,把牛奶作为重要的营养来源,久而久之获得了消化牛奶中乳糖的能力,并遗传给后代。而我们由于缺乏消化牛奶的能力,大量饮用牛奶容易患上关节炎、过敏、哮喘和各种胃病。如果真的喜欢喝牛奶,每天喝一杯就够了,想补钙可以多吃沙丁鱼、杏仁和虾。

我的未来不是梦

■ 元代大家朱震亨

元代名医朱震亨,在他30多岁时,母亲生病了,遍请医生,也没有很好的医治办法。由此他就萌生了从医的想法。于是开始精勤研读古代医学典籍,三年之后小有成就。又过两年后,自己竟然可以开方抓药了,治愈了母亲的病。由此一代名医开始了他的医学之路。

当时盛行陈师文、裴宗元在宋大观年间制定的《合剂局方》(共297方)。朱氏早晚阅读,通过阅读和实际相比较鉴别,看到了书中不足所在,可是乡间没有好的老师可以求教,于是他准备出去探访名医,以求得到指点,"但闻某处有某治医,便往拜而问之"。他渡过浙江,走吴中、出宛陵、抵南徐、达建业。后又到定城,看到了刘完素的《原病式》。但自己感觉还是没遇到理想的老师。直到泰定二年(1325),才在杭州听说有一个叫罗知悌的名医,为"宋理宗朝寺人,业精于医,得尽刘完素之再传,而旁通张从正、李杲二家之说",但性格孤僻,自恃医技高明,很难接近。朱震亨几次往返登门拜谒,都没有看到本人,这样持续达三个月之久。越是没见到越激起朱震亨一定要拜见的想法,他每日拱手站在门前,无论刮风下雨。终于有人对罗知悌详加介绍朱震亨的为人与名声后,始获相见。谁知却一见如故。罗知悌对朱震亨说:学医之要,必本于《素问》《难经》,而湿热相火为病最多,人罕有知其秘者。兼之长沙之书,详于外感;东垣之书,重在内伤,必两尽之,治疾方无所憾。区区陈、裴之学,泥之必杀人。听到这,朱震亨茅塞顿开。罗知悌时已年过古稀,卧于床上,并不亲自诊视,只是让弟子察脉观色,但听回

禀便处方药。随其学习一年之余后，朱震亨医术大增，可谓得到罗知悌的真传。回到家乡，乡间诸医"始皆大惊"。

朱震亨晚年整理自己的行医经验与心得，写成许多著作。临终前没有其他嘱咐，只将随他学医的侄儿叫到面前诲之曰："医学亦难矣，汝谨识之。"言讫，端坐而逝。

逐梦箴言

医学亦难矣，解决的方法为何？学而已！

知识链接

珠尘

为传说中的仙药。晋·王嘉《拾遗记·虞舜》云："(凭霄雀)常游丹海之际，时来苍梧之野，衔青砂珠，积成垄阜，名曰珠丘。其珠轻细，风吹如尘起，名曰珠尘……仙人方回《游南岳七言赞》曰：珠尘圆洁轻且明，有道服者得长生。"此言"珠尘"为轻细如尘的青砂珠，为传说中的仙药，服之可以长生。以此为书名者为清代吴省三的《艺海珠尘》。

我的未来不是梦

■ 读出的名医

　　叶天士(1667——1746),名桂,号香岩,别号南阳先生,江苏吴县人,清代杰出的医学家,为温病学派的主要代表人物之一。叶天士生于医学世家,祖父叶时、父叶朝采都精通医术,尤其以儿科闻名。叶桂12岁开始从父学医,14岁时,他父亲死了,于是抱着失去亲人的痛苦,再拜他父亲的门人朱某为老师,专学医术。叶天士聪慧过人,悟超象外,一点即通;尤其虚心好学,凡听到某位医生有专长,就向他行弟子礼拜其为师,他能融会贯通,因此医术突飞猛进,名声大震。尚书沈德潜曾为他立传,说:"以是名著朝野,即下至贩夫竖子,远至邻省外服,无不知有叶天士先生,由其实至而名归也。"(《沈归愚文集·叶香岩传》)叶氏不仅精通医术,而且治学讲求宏搜博览,学究天人,精细严谨,使医术与学术相得益彰,他认为"学问无穷,读书不可轻量也。"故虽享有盛名,但却手不释卷,广采众长。嵇璜"序"曾说:"先生之名益高,从游者益众,先生固无日不读书也。"其为人"内外修备、交朋忠信……以患难相告者,倾囊助之,无所顾藉"。他为医却不喜欢以医自名。

　　叶天士信守"三人行必有我师"的古训。不管什么人,只要比自己有本事的,他都希望拜之为师。这样,他的老师有长辈,有同行,有病人,甚至有寺中的和尚。当他打听到某人善治某病,就欣然前往,学成后才离去。从12岁到18岁仅仅6年,他除继家学外,先后求教过的名医就有17人。叶天士的虚心学习,"师门深广",让人十分佩服。

逐梦箴言

在逐梦的道路上,我们除了勤奋不息外,找不到其他捷径,叶天士成功,不在他的天资聪颖,后来的学习才是关键所在。正如吉格定理说除了生命本身,没有任何才能不需要后天的锻炼。

知识链接

中医的五行与五脏

肝具有条畅情志,疏泄气机(指气的运动状态)的作用,与木的特性相类似,故属木。心具有推动血液的运行和温煦机体的作用,与火的特性相类似,故属火。脾具有运化饮食精微,造血,免疫等功能,是人体各组织器官营养物质的来源,与土的特性相类似,故属土。肺具有呼吸,交换物质以及沉降气机的作用,与金的特性相类似,故属金。肾具有排泄小便,调节人体水分平衡的作用,与水的特性相类似,故属水。

智慧心语

业精于勤而荒于嬉，行成于思而毁于随。

——韩愈

灵感不过是"顽强的劳动而获得的奖赏"。

——列宾

天才不是别的，而是辛劳和勤奋。

——比丰

形成天才的决定因素应该是勤奋。

——郭沫若

善学者师逸而功倍，又从而庸之；不善学者师勤而功半，又从而怨之。

——《礼记·学记》

第三章

大慈恻隐

　　要成为一位好的医生，首先必须是一位好人。一位悬壶济世的医者，踏上岗位，就意味着患者生命的托付，在这个神圣的位置上，不但需要精湛的医术，更要有博大的爱心。拯救人灵魂的是牧师，神话中复活人生命的是神，那么医生，就是牧师和神之间的那个人。一个艾滋病人这样说："医生是上帝伸向这个世界的唯一的手！"一个好医生就不能愧对这句话。要相信每一个生命都有潜质，都在尽最大的能力自我完善，不管遇到怎样的病人，都要一视同仁地对待，对每一个人充满爱。

巴特托尔茨市的"中国神医"

我国医学界泰斗级的人物——裘法祖院士,其刀法以精准见长,被医学界称为"裘氏刀法"。

18岁那年他考入同济大学医学院预科班学习德语。1936年在上海同济大学医学医前期结业后,赴德国求学于慕尼黑大学医学院。

1942年,裘法祖在获得德国慕尼黑大学医学博士学位后,被慕尼黑市的一家医院聘用。

这时,第二次世界大战已渐入尾声,纳粹德国开始溃败,慕尼黑遭到盟军的轰炸。裘法祖所在的施瓦本地区医院,在慕尼黑市郊50千米外的巴特托尔茨开设了一所战地分院,裘法祖任分院院长。在巴特托尔茨,裘法祖每天都要给3~4名在轰炸中受伤的德国人做手术。他高超的医术备受病人推崇,当地居民把他称为"永远不知疲倦的中国神医"。

当时,在慕尼黑郊区的达豪,希特勒兴建了一座纳粹集中营。达豪集中营是纳粹德国的第一座集中营,第二次世界大战期间至少有3万人丧命于此,被屠杀的主要是犹太人。1945年4月,面对越来越逼近慕尼黑的美军,纳粹强行驱赶数千名被关押在集中营的囚犯,横穿巴伐利亚进行转移,这就是历史上有名的"达豪死亡行进"。

一路上,走不动的囚犯惨遭纳粹士兵毒打,甚至被就地处决。4月底5月初,队伍来到了裘法祖所在的战地医院。裘法祖后来回忆说,他当时正准备做手术,突然护士长紧张地跑进手术室大喊:"外面躺着好多集中营

犯人!"他立刻跑了出去,被眼前的惨状震惊:40名骨瘦如柴、衣不遮体的集中营犯人虚弱地瘫在地上,全副武装的纳粹党卫军士兵,在不断呵斥他们起来。

德国《世界报》这样描述当时的情景:裘法祖鼓足勇气,在一名女护士的陪伴下径直向队伍走去。纳粹士兵惊讶地看着这个身穿德国主任医生白大褂的中国人朝他们走来,用流利的德语大声斥责:"您的囚犯患有伤寒,我们必须把他们带走!"

面对一个31岁的中国医生表现出的正义与坚定,纳粹士兵屈服了。40名集中营犯人被裘法祖带进了医院。在这里,犯人们被藏进了医院地下室并得到了悉心治疗和照料,直到战争结束而重获自由。1985年第二次世界大战结束40周年之际,当时的联邦德国总统冯·魏茨泽克倡议,寻找、表彰在纳粹暴政下不顾个人安危、救助犹太人的英雄们。虽然裘法祖本人十分低调,刻意隐瞒那段历史,但德国巴特托尔茨市的市民却忘不了这位"中国神医",他们纷纷给总统打电话。联邦德国的犹太人组织也证明,找到了几位当年被裘法祖解救的犹太人。最终,裘法祖因拯救德国第二次世界大战大轰炸受害者、救助集中营犹太人以及对德中医学交流具有突出贡献,被冯·魏茨泽克授予德国"联邦大十字勋章"。裘法祖也因此成为德国这项传统荣誉制度史上第一位获得勋章的亚洲人。

也是在他慕尼黑大学医学毕业8个月之后,他做了从医后的第一个手术,那是一个小小的阑尾炎手术。可病人四五天后去世了,裘法祖心里非常难过。尸体解剖证明,手术没问题,不是他的责任。

然而,他的导师讲了一句话:"她是四个孩子的妈妈……"

这句话刀刻一般印在他的脑子里,使他一生难忘,深深地影响着他日后60多年外科医生的生涯。

当记者问到他一生中最大的成就时,他提到的是60多年前他的导师说的"她是四个孩子的妈妈"的那句话,是真诚真心地对待病人、爱护病人的理念。裘法祖觉得这是他人生中最重要的成就。

逐梦箴言

作为一个合格的医生,你的悲悯,对病人是莫大鼓舞和安慰,也许,正如裴法祖院士所说,善待病人是比任何学术贡献都要重要的成就。

知识链接

悬壶济世

传说河南汝南的费长房在街上看到一卖药老者的竹竿上挂着一个葫芦,奇怪的是,天黑散街后,老者就跳入那葫芦中。为弄清底细,费长房以酒款待,老者后来约他同入葫芦中,只见玉堂俨丽,甘肴旨酒。费长房即拜老者为师,学修仙之道。数载后,他术精业成,辞师出山,又得壶翁传赠的治病鞭鬼之竹杖,从此悬壶行医。从那时起,医生腰间挂的和诊所前悬的葫芦,便成了中医的标志。

■ 我们心中的敬畏

有两件事情，我愈是思考愈觉神奇，心中也愈充满敬畏。那就是，我头顶上的星空与我内心的道德准则。

——摘自一位医生的手记

这段话最初是来自德国的哲学家康德，"有两种东西，我对它们的思考越是深沉和持久，它们在我心灵中唤起的赞叹和敬畏就会越来越历久弥新，一是我们头顶浩瀚灿烂的星空，一是我们心中崇高的道德法则。"温家宝总理在不同场合也多次引用。

"头顶上的星空"，庄严神圣，光辉灿烂，令人神往；"内心的道德准则"，黑白分明，良莠有别。

"头顶上的星空"可以象征"名"和"利"，它是如此的耀眼，充满诱惑，面对这样的诱惑，我们应该如何恪守内心的道德准则，使它不受沾染玷污；同时，"头顶上的星空"也可以理解为一种信仰，一种理想。伟大的哲学家康德曾经说过，一个民族要想强大，既需要"仰望星空"，同时还需要"脚踏实地"。理想信仰是那么纯洁神圣，令人向往，可现实与理想的差距，又常常使人陷入困惑，面对这样的矛盾，我们能否坚定信念固守心灵的那片净土？

面对名利诱惑，面对挫折障碍，能够恪守心中的道德准则，保持自己的本色。名利的星空被踩在脚下，信仰的星空将这个职业抬高。

的确，恪守心中的道德准则，听起来是那么虚无飘渺，做起来又是如此的困难。特别是在种种诱惑之下，你不仅要承受外界的重重压力，更要学

会忍受"众人皆醉我独醒,举世皆浊我独清"的孤独。在你追求理想的过程中,你会发现"有的时候,过于专注在自己的内心世界里,过于专注于自己的逻辑,就会慢慢觉得,与世界格格不入。"

难道由此我们就要放弃,放弃自己曾经的坚持,放弃自己对这个职业美好的愿景,放弃自己恪守的职业操守吗? 我想答案是否定的。

"头顶的星空"的存在不仅仅是为了让我们有了可去追求的意义所在;更因为它,让我们实现理想的过程变得纯洁。

逐梦箴言

头顶上的星空和内心的道德准则,都是令人敬畏的。无论是在职业还是爱情上,我们可能都怀有一种信仰,一种追求,那是我们头顶上的星空。但在追求的过程中,可能会布满荆棘,但我们不能迷失自己,要努力恪守内心的道德准则。

知识链接

医生如是说

果酸可以帮助消化,如果你消化不良,建议你饭后吃一个水果。但如果饭后马上吃水果可能反而会帮倒忙。因为食物进入胃后,需要两个小时甚至更长的时间来消化,而水果,尤其是较硬的水果,比如苹果、梨子等,会在胃内长时间滞留,不仅加重消化负担,还反而产生气体,引起腹胀。因此最好是饭后1~2小时再吃水果。

我的未来不是梦

■ 每一张床都救过人

病房里不知何时起流传这样一句话:每一张床都死过人。这句话让平日静养的病人们开始有些恐慌,在这里。床位早已取代了姓名,医生们似乎忘记了病人的姓名。来去之间,医生护士的称呼更多的是几床几号,床位已经成了他们的代号。

每一张床都死过人,这让病人们自觉不自觉地想到了死。他们是病人,不论病情轻重,他们想着自己有可能很快就告别这个世界。他们有时并不是怕死。只是不管是年老的还是年轻的,他们都担心着,或是事业,或是家中的人与事,还有种种未了的心事,房子、孩子、就业等等。种种忧虑与迷茫,缠绕心头,挥之不去,驱之不散。

这句话让病房里一下子失去了以往的活泼与快乐,变得一片死寂、压抑甚至窒息。病人们阴沉着脸,呆望着,不愿多说一句话,即使充满阳光的天空他们也感觉灰暗阴沉。原本对健康充满期盼的心情一下子变得麻木失望。他们想象着,某天,某号床的人因为手术不顺,结果死在手术台上;某号床的人,半夜病情突变恶化,猝然而去;某天,自己突遭不测,黯淡离世,痛苦的是自己还没来得及与亲人说上几句话……医生忙碌急促的身影,亲人们泪流满面的表情,种种的不测与不幸,像放电影一样在每个人的脑海中一一闪现,令他们不寒而栗,不知所措。

一天,刚住院不久的五号床的病人突然发病,离开了人世。当天,值班医生将其床铺换下,清洗,X 光消毒,换新之后安然睡在了那张床上。邻床

的病人不禁感觉有点恐慌，心想这个医生胆子怎么这么大呢？他们呆望着。疑惑着，小心地问着医生："那张床刚死过人，您不知道吗？您就准备睡在上面？"值班医生笑了笑："死人并不可怕，可怕的是大家面对恐惧的心，其实，每一张床都曾死过人。可是，大家不要忘了，每一张床也都曾救过人。"众人听了，豁然开朗。心中的阴霾与压抑顿时烟消云散，不禁微笑。点头称道。

"每张床都救过人。"这句话一下子把病人们从恐慌悲观的深渊带到了阳光灿烂的安全地带。他们的心态发生了微妙的变化。他们重新获得了更多康复的自信与希望，不管病情有多严重，只要心中拥有希望，积极配合治疗，就会有康复的一天，明天总是美好的，不应太消极。

第二天，病房里又恢复了往日的活泼与欢笑。

逐梦箴言

作为这个活人性命的职业，的确对其提出了许许多多的看起来近似苛责的要求，但正因为这一点，我才有理由相信，每个从事这个行业的人，都是超凡的存在，他们每一个细节都被患者无限地放大，而那些温暖人心给人力量的话语，则成了响在患者心头的福音。仁爱化雨，播撒人寰，愿此不消不绝！

知识链接

杏林春暖

三国时吴国有位名医叫董奉，他一度在江西庐山隐居。附近百姓闻名求医，但董奉从不收取钱财，只求轻症被治愈者种一棵杏树，大病重病被治愈者种五棵杏树。数年后，董奉门前杏树成林，一望无际。从此，人们便唤中医为"杏林"。

■ 药师佛的传说

相传，药师佛把"除一切众生痛苦，治无名痼疾"作为自己普度众生的重要内容，他在十二大誓愿中发誓说："诸根具足"——身体有残障的人听到他的名号后，一切障碍会消失，身体得健康；"除病安乐"——患有各种重病的人，听到他的名号后，诸病可消除。这正是人们所企求的莫大功德。他左手持药钵，右手执药丸，以医疗为职业，因而大受敬仰。

药师佛有"药树王"和"如意珠王"两个化身，药树王的"根茎枝叶，皆能愈病；闻香触身，无不得益"。《耆域因缘经》则说，药树王能透视人体，"五脏肠胃，缕悉分别"，这很像科学幻想的医疗仪器。中国法义和尚则说，他在病中念佛，梦见一位道人为他剜出肠胃，洗干净后纳还腹腔，从而病愈，这似乎是现代外科手术的幻想。

药师佛身边有两大胁侍菩萨——药王菩萨和药上菩萨(日光菩萨和月光菩萨)，他们合称为"药师三尊"、"东方三圣"，喻意为：日月皆升于东方，以其光明遍照众生，使众生俱得康乐。两位胁侍菩萨对医学和药物学颇有研究。他们经常为穷人施药医治，还带着良药为僧众治病。因此，他们义举斐然，备受赞赏。

逐梦箴言

虽然是传说，但慈悲悯患、慈航普度的大义却是民众们所喜欢的，所看重的。佛心如此，人心岂能相弱也！

■ 啤酒好喝

这是几个场景，故事从第一个场景说起。

时间大致是在工业革命以前，地点好像是类似于法国或者德国的一个欧洲国家，具体是在一片等待收割的麦田旁：

夕阳热烈地渲染着天空的美丽，有六七个人围在一起——刚才有一位妇人突然倒下了，另一位妇人紧皱着眉头，紧张地问了一句："是麻风病吗？"刚检查完那位妇人的一位 30 岁上下的医生扭过头来，用绝望的眼神回答了这个问题。接着，大伙儿急忙像躲避恶狼追捕般地跑开了，一边跑一边叫喊着恐怖降临的消息，只留下医生无奈地望着他奄奄一息的病人……

下一个场景，便是那个妇人死去后，她的家人用铁锹翻出她所有的东西：鞋子、饰物、衣服、食物——甚至还有一只活蹦乱跳的小狗，所有这些东西都被集中到一起堆积起来，泼上汽油，然后被点燃，除了那只小狗在烈火中绝望的哀号之外，只有通红的火光映衬着人们因为恐惧而没有任何表情的脸……

又有一个人在集市上晕倒了，有人叫来了那位医生。医生盯着躺在地上的病人，单膝跪下，把医药箱放在一旁。他一边低着头给病人做检查，一边急切地说："他病得很重，必须马上送到医院去！谁能帮帮我？"周围的人面面相觑，没有回答的声音。当医生抬起头，从人群里寻找帮手时，人群一下散去了，只留下医生在病人身旁，一脸的茫然与无助。是啊，在这潮冷

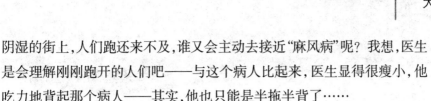

阴湿的街上，人们跑还来不及，谁又会主动去接近"麻风病"呢？我想，医生是会理解刚刚跑开的人们吧——与这个病人比起来，医生显得很瘦小，他吃力地背起那个病人——其实，他也只能是半拖半背了……

天黑了，整条街上只有一盏路灯在惨白无力地亮着，医生拖着疲惫的身子回来找寻他的医药箱，还好，它还在那里。他拎起药箱，挎在肩上，环顾四周，一个人也没有，周围依旧是潮湿而阴冷。医生走向了小酒馆——是的，他太累了，需要好好休息一下，还要吃一点东西。但是，当他走进小酒馆，却被酒馆的老板大叫着站住，医生一脸的无辜："为什么？"老板站在柜台后边抄起步枪并拉上了枪栓："我们不想被你传染！滚出去！"随后，在酒馆里喝酒的人们也都附和着喊叫起来"滚出去！滚出去！"医生手足无措地站在那里，揉捏着自己的帽子，不知如何是好。"都住口！"——随着一声有力的吼叫，众人鸦雀无声了——有一位黑衣神父走了进来，他摘下黑色的宽檐帽，露出一头苍苍的白发，缓步走到医生身边，站定了，看到医生稳了稳神，才对酒馆老板说："把最好的啤酒给他喝！"老板面露难色，但神父是受到无上尊敬的，所以他放下枪，端着一大杯啤酒朝这边走来，医生僵硬地对老板笑了一下，并说了声"谢谢"，然后伸手准备去接啤酒，不料老板在距离医生一米远的地方突然停住了脚步，蹲下身子，将酒杯放到地板上，又赶紧跑回到柜台后边。医生尴尬地望着啤酒杯，又冲神父僵硬地笑了一下，蹲下去，端起酒杯，喝了一大口——他似乎不太善饮，被呛了一下。这时，神父抢过医生手中的酒杯，自己喝了一大口，之后高举酒杯让众人看，他的这一举动是医生和在场的其他人所始料不及的，医生的眼神中充满了感激……

其实，这是一则获奖的啤酒广告，当然，后面还有一段，就是神父高喊"好喝"之后，众人抢喝那杯啤酒的场景。

逐梦箴言

医生，应该是崇高的职业！医生，应该是高尚的人！请允许我提议为那位医生干杯！当然，也感谢那位神父！爱人者人恒爱之，每个付出美好心灵的人，都是这世界的精灵天使，相信他们终会苦尽甘来，相信他们终会福报得报！

知识链接

医生如是说

体检要求空腹，但不是要求你从前一天晚上开始就不吃饭，这样得到的体检结果反而不准确。我的建议是，体检的前一晚吃清淡的饮食，当然不能喝酒，咖啡和浓茶也不要喝，体检的当天早上不要吃早餐，少喝水，也不要做体育锻炼。

■ 仁心仁术

唐代名医药王孙思邈不但是医中圣手，而且喜好经史佛老之学。他认为"若有疾厄来求救者，不得问其贵贱贫富，长幼妍媸，冤亲善友，华夷愚智，普同一等，皆如至亲之想"，这是何等高尚的医德，何等景仰的修为！在孙思邈所言中，我们明显地感受到他视患者如至亲的接诊态度。医学是一门救人的学问，医生是一个救人的职业，如果你不把患者视为至亲，那么你何以会竭尽全力地去进行救治而心底无私呢？

晋代名医葛洪鉴于以往"诸家各作备急，既不能穷诸病状，兼多珍贵之药，岂贫家野居所能立办"的情况，决心"率多易得之药，其不获已，须买之者，亦皆贱价草石，所在皆有"。由此可见，葛洪作为一名医生是很关注贫困、低薪阶层人民的，能针对他们的具体情况，从他们的经济利益出发，不辞劳苦，编著成《肘后备急方》，里面的方药物美价廉，文字朴实易懂，从现在的角度看也不失为一本家庭用药手册。这种处处为方便贫苦患者着想的精神很值得我们赞许。

逐梦箴言

　　医患关系不和谐的因素有很多，医生为患者诊疗时诚心不足、耐心不够，而造成患者及其家属对医生有戒备甚至敌对心理的情况是其中很重要的一个因素。虽然患者有时在接受医生诊疗期间会因为种种原因而不和医生配合，但是明代名医喻昌认为，"然敬设诚致问，明告以如此则善，如彼则败，谁甘死亡，而不降心以从耶？""此宜委屈开导，如对君父，未可飘然自外也。"从喻昌所言中，我们不难看出，对病人如果诚心，尽责任，动之以情，晓之以理，耐心地为病人服务，病人怎么可能不与你交心，不配合你工作呢？所以在自身修养方面，行医之人应该好好领会喻昌之言的深意！

孙思邈

■ 医生琐记

一

吃饭的时候,遇上一位医生,又红又专还会讲故事。

他当年援疆,刚去就遇上个棘手事,当地一个很有威望的老人重病,已经昏迷了,大口呼吸,肌肉痉挛。

当地什么医疗条件都没有,开胸,上呼吸机,都不可能。

他两手空空,站在旁边看了一会儿,说找张报纸来。

当地人当他是个巫医,但也没别的办法了,"什么样的报纸?"

他想了下说,那就当天的机关报吧。

有人飞奔着买了张崭新的来。

他从里面还挑一下,挑出张头版,卷了一个锥筒,搁在老人脸上,罩住他的口鼻。

大家都等着,五六分钟后,老人开始正常呼吸,一小时后已经能够说话了。

亲属们扑通跪了一地叫神医,我们一桌人也听傻了,他说病人其实是呼吸性碱中毒,因为快速呼吸,把体内酸性的二氧化碳过度呼出了,所以罩个纸锥子,相当于把呼出的二氧化碳部分回吸,就好了。

我问他"你为什么要机关报?"

他一笑,"纸好,硬。"

二

后来他治了很多病,被称为新疆人民的一盏神灯,维族大妈治好病,感激地握着他的手"一定要向毛主席他老人家带个好!"

他诚恳地说:"大妈,现在是第三代领导集体了。"

我有天半夜想起这对话,笑得直抖。

三

他说一辈子没碰到过医疗纠纷,他手下的科室也没有,我听着不信。

他一笑,说一故事,说手下有位同志,一辈子看的都是老年常见病,最年轻的患者也80岁了,有一次不知道怎么,来了一个姑娘看病,两人又聊又笑,听诊器听来听去,给看了15分钟。第二名是位老太,一直排在后头等着。总算到了,这位同志光顾着跟姑娘告别了,没看老太一眼,老太说:"给我听听。"医生一脸不耐烦拿听诊器在衣服上挨了一下,就说完了,一分多钟,看病结束。

老太不乐意了,喊:"流氓!"

闹大了,他在楼上听见了,让护士给请上来,护士隆重介绍说:"这才是我们领导,最权威的大夫。"

他上来握着老太的手,一脸沉痛:"太过分了,您给我说说,我开除他。"

老太太不好意思了:"不用不用,给个处分就行了。"

然后他亲自给老太看病,老太太递上自己的病历,老人家每天每隔15分钟给自己量一次血压,所以纪录大概有长篇小说那么厚。

他说其实这些东西对看病没什么用,但医生最重要的是一定要把这些数字"陶醉"地看一遍,然后仔细地给老太太听诊了半天,最重要的是,"眼神勾兑了一下"。

老太太出门的时候说:"病已经好了一半。"

四

他去陕西义诊,治过一个偏瘫患者,第二年去回访,见这人一歪一瘸走

来了,说治好了,千感谢万感谢。

他只好说没什么,这是我应该做的,这不是党中央派我来的嘛。

对方又羞涩又惊喜:"总书记那么忙,还惦记着我吗?"

他咳嗽了一声,"可不是吗"。

逐梦箴言

几段琐事,几处细节,却是一份医生的大爱,一份医生医德的合格答卷。没有那么多的惊险曲折,没什么离奇莫测,只是日常平凡的经历,不难看出一个心有慈悲的医者的胸怀。

知识链接

医生如是说

不是每个人都适合做近视矫行手术,除非你在手术前已经持续、稳定地佩戴了一年以上的近视眼镜或者隐形眼镜。如果你时摘时戴眼镜,一定要告诉眼科医生,并且近期最好不要做近视矫形手术,否则会影响医生对你的矫正视力的判断。

我的未来不是梦

■ 倾听病人的心声

步入社会工作的几年后,有一次,父亲因心肌梗死紧急住院,我们听到消息后,马上赶往医院照看。

当时,与父亲同一病房的,还有一位三四十岁的妇人,在一旁照顾的是她的丈夫,但他们之间很少说话。我发现,这位妇人不管白天夜晚,都躺在床上面对着墙哀叹,除病痛的呻吟外,似乎还带有无奈的感慨。丈夫则低着头,不发一语,气氛显得沉闷而哀伤。

一天夜里,有位医生前来巡看,问我们状况如何,我们说还好。接着,他便走到那位妇人面前,问她状况怎样。

妻子见有医生来咨询病况,马上坐了起来,告诉医生说哪儿不舒服,哪儿疼痛,医生看了看,告诉她没事。

之后,这位妇人竟像找到了可以倾诉的人似的,开始向医生诉起苦来,先问用的药是不是很贵,接着谈起家中的事。说原本家里过得还不错,夫妻俩到处打工赚钱,可自从病了以后,钱都花光了。丈夫是个老实人,脸皮薄,不喜欢麻烦别人,更别说开口借钱了,但为帮她治病,找遍了亲戚朋友,低声下气,能借的都借了。借到现在,亲戚们都怕他们,甚至不敢打电话来,就怕再借钱,住院这么久,没有一个人来看她。孩子还在读书,可丈夫现在要照顾她,根本没有办法出去做事,孩子的学费还不知该怎么办。她特别过意不去,感觉对不起丈夫,没照顾好家。自己身上毛病还多,头常痛,眼睛有毛病,心脏也不好,腿脚也有问题,有段时间连路都走不了……

听她哭着道出那些苦楚,像是积压在内心很久了似的,止都止不住,讲

了大约近一小时。医生几次似乎有事要走，但也许是体谅到她真的需要倾诉，便站在那儿，耐心地听着。等她情绪稳定些时，才好言安慰她，让她安下心来治病，不要想太多，养好了病，丈夫也没白费这个气力了，心情不好反影响治疗与康复，既然来了就好好养病，不要太操心。

妇人听了，抹着眼泪点点头。夫妻俩都很感激医生的倾听与安慰。

等医生走出病房后，我发现，妇人一直紧皱的眉头舒展开了，这些忧愁的心声，想必积压在内心很久了吧？天天躺在床上，无处诉说，着实是一件很苦的事。母亲也感慨说，这位医生真是难得，可能有事要去忙，但还是耐心听完这位妇人诉苦，让她安心养病。

可令我想不到的是，接下来几天，妇人的精神显然好了起来，脸色竟也由原来的灰暗变得红润了。到第三天，竟有一位亲戚特意来看她，使他们更加高兴，原本沉闷的气氛终于被打破了。

逐梦箴言

当一个人面临病痛与穷困双重压力时，内心会像被乌云遮蔽一样感到灰暗，此时，给他们一些关怀与照顾，就能替他们排除些忧伤，像阳光般驱散乌云，透出光亮。这位医生对病人的尊重与关爱，正像那缕阳光，令人感到温暖与明亮。

知识链接

医生如是说

喝水这件事可不是多多益善，理论上来说，多喝水是可以帮助肾脏排毒，减轻肾脏负担，但要知道，人体是一个严密的平衡系统，成人的肾脏每小时只能排水 800~1000 毫升，如果你在一小时内喝水超过 1000 毫升，反而会导致低纳血症，影响肾脏健康。所以，每次喝水不要超过 100 毫升，每小时喝水不要超过 1000 毫升。

■ 提灯女神

南丁格尔生活在 19 世纪英国一个富裕的家庭中。她小的时候,父母希望她能具备文学与音乐的素养,从而进入上流社会,但南丁格尔自己却不这么想。她曾经在日记中写道:摆在我面前的路有三条:一是成为文学家;二是结婚当主妇;三是当护士。而她最后不顾父母的反对,毅然选择了第三条道路:当一名护士。

1854 年克里米亚战争爆发,《时代》杂志记者威廉·罗莎的战地快讯,揭示了英国伤病员"缺乏最普通的病房简易用具",震动了英国社会,唤起公众对护理工作的注意。当时的首相西德尼·赫伯特,自然想起邀请他的朋友南丁格尔去做好这件事,这正与南丁格尔的愿望不谋而合。南丁格尔立即率领 38 名护士,奔赴前线斯库塔里医院,参加伤病员的护理工作。当时用品缺乏,水源不足,卫生条件极差。她克服种种困难,改善医院后勤服务和环境卫生,建立医院管理制度,提高护理质量,使伤病员的死亡率从 42% 急剧下降到 2%。

南丁格尔不仅表现出非凡的组织才能,而且对伤病员的关怀爱护感人至深。她协助医生进行手术,减轻病人的痛苦;清洗包扎伤口,护理伤员;替士兵写信,给以慰藉;掩埋不幸的死者,祭祀亡灵,每天往往工作 20 多个小时。夜幕降临时,她提着一盏小小的油灯,沿着崎岖的小路,在 7 英里之遥的营区里,逐床查看伤病员。士兵们亲切地称她为"提灯女神"、"克里米亚的天使"。伤病员写道:"灯光摇曳着飘过来了,寒夜似乎也充满了温暖

……我们几百个伤员躺在那，当她来临时，我们挣扎着亲吻她那浮动在墙壁上的修长身影，然后再满足地躺回枕头上。"这就是所谓的"壁影之吻"。

逐梦箴言

我们需要医生必备救死扶伤的仁爱之心，这也是医生仁心仁术的精髓与灵魂所在，仁心要有善良的人性，高贵的品德，怜悯患者的情怀，才会用仁术更为科学合理的医学手段和如春风化雨的沟通为患者解除病痛，慰藉患者的心灵。

知识链接

克里米亚战争

克里米亚战争（Crimean War，又名"克里木战争"），在1853年10月20日因争夺巴尔干半岛的控制权而在欧洲爆发的一场战争，土耳其、英国、法国、撒丁王国等先后向俄国宣战。1853年7月2日，俄罗斯军队入侵土耳其，展开了克里米亚战争的序幕。1854年3月28日，英法对俄宣战，克里米亚战争爆发。战争一直持续到1856年，以俄国的失败而告终，从而引发了国内的革命斗争。

医生如是说

坚持带太阳眼镜对保护你的眼睛远离白内障等各种眼疾非常重要，尤其在上午10点~下午4点之间这段阳光照射最强的时候。在具体选择上面，并非是价格越贵或镜片越暗的效果就约好，是考虑镜片是否标注阻挡100%的紫外线。千万不要只顾着选好看的镜架。而忽略镜片的质量。

我的未来不是梦

智慧心语

真正的慈善是神灵培植的作物。

——威·柯珀

慈善也即是给予人们的爱比他们应得到的要多。

——儒贝尔

仁慈是心灵美，而不是行为美的体现。

——艾迪生

仁者谓其中心欣然爱人也。

——韩非子

第四章

温雅自重

◦导读◦

医生也是人,也有常人应有的喜怒哀乐,但是就其所从事的职业来说,却需要他们有良好的控制情绪的能力,并保持乐观豁达的心境,这些都是他们作出正确诊断和治疗时不可或缺的心理前提,而控制情绪,却不是抑制情绪,需要懂得如何去排遣。一个优秀的医生,是温雅自重的,基本不会出现情绪障碍。乱发脾气的医生,得不到病人的信任。

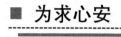 为求心安

　　我国医界大家施今墨,他自己病了躺在床上,对学生们说:"不要将远来的病人拒之门外,实在病重领进来我给看看。"他对同道非常敬重宽厚,从不贬谪他人。有患者拿前医处方请其评论,他则说:"方开得不错,各人有各人的路数,你也可以服我的药试一试……"。他常对学生们说:"人家说我是名医,其实我这一辈子还是没见过的病多,看不好的病多。"还说:"我的经验都是从为病人治病中得来的,我要还给病人才对得起他们,才觉心安。"当他79岁高龄时,还写下:"我老而未死,还能在医务工作岗位上为人民服务,便是我的幸福,亦不虚度余年。"

　　明代名医严乐善,医术高明,医德高尚。有一天,有个男子突然来到他家,拿出一件金质饰器,跪着对严乐善说:"先生请收下我这东西,再听我说话。"乐善只得接过金器,那男子便靠近乐善耳边,悄悄地要乐善为他开一个能毒死人的方子。还没等此人把话说完,乐善就愤怒地把金器扔在地上,说道:"我绝不会帮你干这种不道德的坏事!"然后又警告他说:"如果你还去找别的医生,杀害自己的朋友,我一定要到衙门去告发你。"过了些日子,那个男子终于悔悟过来,再次来到乐善家,感谢他的一身正气挽救了自己,使自己没有走上犯罪的道路。

逐梦箴言

洒脱一点，不要幻想生活总是那么圆圆满满。生活不可求全责备，披着阳光的色彩前行，生活才会有光明照耀。

知识链接

医生如是说：

虽然染发和血液病有直接关联，目前还没有医学统计数据证实，但根据我的经验，如果一年染发4次以上，出现头晕、偏头痛，进而血小板降低的可能性会比不染发的人大得多，有些人的白细胞数量还会明显减少，也就是说免疫力降低。我相信这是染发剂中的化学物质所致，这也是我最近在研究的课题，我的建议是少染发。

■ 积极心态将改变人生

　　曾经有一个 11 岁的小女孩患了一种神经系统的疾病,疾病使她日渐衰弱,无法走路,医生对她是否能复原并不抱着希望,并预测她的余生都将在轮椅上度过。

　　但这个小女孩并不畏惧,她躺在医院病床上,向任何一个愿意倾听的人发誓,肯定有一天她会站起来走路。

　　有一天,她再度使尽全力想象自己的双腿又能行动时,似乎奇迹真发生了!床动了!床开始在房间里移动!她大叫:"看看我!看啊!看啊!我动了!我可以动了!"

　　此时,医院里每一个人都尖叫起来,纷纷寻找遮蔽物。大家在尖叫,器材也掉下来,玻璃也碎裂了。

　　这就是曾经发生的旧金山大地震,但没有人把这件事告诉这个小女孩,她相信自己真的做到了!

　　此后,才不过几年的时间,她又回到学校上课了!用她的双脚站起来,不用拐杖,不用轮椅。

　　一名好医生，要有乐观的人生态度，当然这不仅仅是医生，是所有人都必须具备的，不管生活怎样，我们都依然要热爱生活，并且感谢生活给我们的各种经历和体验，把这些当成是一笔财富，从而丰盈我们的人生。

知识链接

腰围：男性≥90厘米，女性≥80厘米为腹型肥胖

　　腰围是判断腹部脂肪蓄积，腹型肥胖（也称为"苹果型肥胖"）的指标。腹型肥胖目前被认为是冠心病、代谢综合征的重要危险因素。如果体重指数尚未达到肥胖程度，但腰围已超标，说明你属于腹型肥胖。腹型肥胖比全身肥胖的人更危险，更容易受冠心病、糖尿病的"青睐"。

■ 好心情

迈克是美国一家餐厅的经理,他总是有好心情,当别人问他最近过得如何,他总是有好消息可以说。

无论在任何情况下,他都是面带微笑。看到这样的情境,真的让人很好奇,所以一天有人到迈克那儿问他:"我不懂,没有人能够老是那样的积极乐观,你是怎么办到的?"

迈克回答:"每天早上我起来告诉自己,今天有两种选择,我可以选择好心情,或者我可以选择坏心情,我总是选择好心情,即使有不好的事发生。我可以选择做个受害者,或是选择从中学习,我总是选择从中学习。每当有人跑来跟我抱怨,我可以选择接受抱怨或者生命的光明面,我总是选择生命的光明面。""但并不是每件事都那么容易啊!"我抗议地说。"的确如此,"迈克说,"生命就是一连串的选择,每个状况都是一个选择,你选择如何响应,你选择人们如何影响你的心情,你选择处于好心情或是坏心情,你选择如何过你的生活。"

数年后,我听到迈克意外地做了一件你绝想不到的事。

有一天他忘记关上餐厅的后门,结果早上三个武装歹徒闯入抢劫,他们要挟迈克打开保险箱。由于过度紧张,迈克弄错了一个号码,造成抢匪的惊慌,开枪射击迈克。迈克很快地被邻居发现,紧急送到医院抢救,经过15小时的外科手术,迈克终于出院了,但还有块子弹皮留在他身上……

事件发生6个月之后我遇到迈克,我问他最近怎么样,他回答:"我很幸运了。要看看我的伤痕吗?"

我婉拒了,我问他当抢匪闯入的时候,他的心路历程。

迈克答道："我第一件想到的事情是我应该锁后门的,当他们击中我之后,我躺在地板上,还记得我有两个选择:我可以选择生,或选择死。我选择活下去。"

"你不害怕吗?"我问他。

迈克继续说:"医护人员真了不起,他们一直告诉我没事,放心。但是当他们将我推入紧急手术间的路上,我看到医生跟护士脸上忧虑的神情,我真的被吓坏了,他们的眼里好像写着:他已经是个死人了。我知道我需要采取行动。"

"当时你做了什么?"我问。迈克说:"嗯!当时有个大个子的护士用吼叫的音量问我一个问题:她问我是否会对什么东西过敏。我回答:'有。'这时医生跟护士都停下来等待我的回答。

我深深地吸了一口气喊着:'子弹!'这时医生和护士都在笑,脸上的忧虑神情都渐渐消失了。听他们笑完之后,我告诉他们:'我现在选择活下去,请把我当作一个活生生的人来开刀,不是一个活死人。'"

逐梦箴言

你不能改变天气,但你可以改变心情。生活充满了选择,每天你都能选择享受你的生命,或是憎恨它。

知识链接

医生如是说

长期使用电脑、频繁发短信,多年驾车,这样的生活习惯都会导致你的手腕部神经被压迫,出现损伤。如果你感到手腕、手肘或者肩部关节酸痛,都有可能是神经已经受损。遇到这种情况如果听之任之,随着年龄增大,疼痛会越来越重。所以,不要大意,最好及时到医院显微外科诊断治疗。

上帝总会给你一扇窗

外科医生阿费烈德在解剖尸体时有一个奇怪的发现,那就是:人们患病的器官并不像人们想象的那样千疮百孔,恰恰相反,正是由于和疾病的抗争,这些器官为了抵御病变,往往要付出巨大的努力,它们的机能比正常的器官要强。

他最早是从一个肾病患者的遗体中发现了这一点的。起初,阿费烈德也认为患病的器官一定变得很糟糕,但是,当他从死者的体内取出那个患病的肾时,他惊奇地发现那个肾要比正常的大,甚至另外一个也是大得超乎寻常。一开始,阿费烈德把这看作是一个个别现象。但是,在他多年的医学解剖过程中,他不断地发现那些患病的心脏、肺等几乎所有的人体器官都存在着类似的情况。也就是说,一个心脏病人的心脏并不是我们想象的那样虚弱,它甚至比我们正常人的心脏要大,机能更强。

阿费烈德就这一发现撰写了一篇很有影响力的论文。他在论文中指出,患病器官因为和病毒搏斗而使其功能不断增强。如果人体有两个相同的器官,一个死亡后,另一个会承担起全部的责任,这样的努力使得健全的器官变得更加强大。

除了人体的器官如此以外,阿费烈德还发现,在人类中间,同样存在这样的现象。他在给美术学院的学生治病时发现,这些学生的视力大不如正常人的视力,有些甚至是色盲。阿费烈德把这一现象看作是病理现象在社会现实中的重复,从而大胆预测同样的思维模式可以延伸到更广泛的层次上。

为了验证自己的预测，阿费德烈进行了广泛的调研，结果又一次证实了他预测的准确性。他在对艺术院校教授的调研中发现，一些颇有成就的教授之所以走上艺术之路，取得很高的艺术成就，大都是受了生理缺陷的影响。普通人所认为的缺陷并不是阻碍了他们，而是促进了他们的艺术追求。阿费烈德称之为"跨栏定律"，他认为横在人们面前的栏杆越高，人才会跳得越高。

这个定律很好地解释了盲人的听觉、嗅觉、触觉比常人灵敏的原因，而失去双臂的人之所以能够更好地掌握平衡也恰恰是同样的理由。

逐梦箴言

身体上的缺陷并不是我们成功的障碍，心灵上的才是。如果你把缺陷视为自己成功的障碍，那上帝在给你关上了一扇门的同时，也必然会为你打开一扇窗。只要你用心感受，缺陷恰恰就是你先天的成功因素。

知识链接

重指数最佳减肥速度：每月减重 1—2 千克

体重超标的人应在医生指导下逐步减轻体重。减肥过快、过猛会导致体重反弹、厌食症、贫血、营养不良、月经不调、脱发、记忆力减退、骨质疏松等不良反应。

骨密度最高期

30—40 岁。每个人一生中骨密度最高（骨峰值）的时期一

般出现在 30—40 岁，受出生后营养、发育和遗传等因素的影响，骨峰值有高有低。男性一般从 40 岁开始，女性一般从 35 岁开始，骨峰值开始下降，女性在绝经后 5 年内，男性在 70 岁以后，骨量丢失最快。骨峰值高的人，其骨内含钙量高，年老以后发生骨质疏松的程度较轻、时间较晚。因此，40 岁之前的人应该把握机会，保证每天足够的营养和钙的摄入，并积极参加体育锻炼，努力提高自己的骨峰值。

我的未来不是梦

■ 放轻松

　　加拿大魁北克有一条南北走向的山谷。山谷没有什么特别之处，唯一能引人注意的是它的西坡长满松、柏、女贞等树，而东坡却只有雪松。这一奇异景色之谜，许多人不知所以，然而揭开这个谜的，竟是一对夫妇。

　　那是1993年的冬天，这对夫妇的婚姻正濒于破裂的边缘，为了找回昔日的爱情，他们打算做一次浪漫之旅，如果能找回就继续生活，否则就友好分手。他们来到这个山谷的时候，下起了大雪，他们支起帐篷，望着满天飞舞的大雪，发现由于特殊的风向，东坡的雪总比西坡的大且密。不一会儿，雪松上就落了厚厚的一层雪。不过当雪积到一定程度，雪松那富有弹性的枝丫就会向下弯曲，直到雪从枝上滑落。这样反复地积，反复地弯，反复地落，雪松完好无损。可其他的树却因没有这个本领，树枝被压断了。妻子发现了这一景观，对丈夫说："东坡肯定也长过杂树，只是不会弯曲才被大雪摧毁了。"少顷，两人突然明白了什么，拥抱在一起。

　　生活中我们承受着来自各方面的压力，积累着终将让我们难以承受。这时候，我们需要像雪松那样弯下身来。释下重负，才能够重新挺立，避免压断的结局。弯曲，并不是低头或失败，而是一种弹性的生存方式，是一种生活的艺术。

　　杂技团来了个新的弟子，教练从走钢丝开始教起，这个弟子在练习的时候，总是没走几步就掉下来，反复练习还是如此，最后他沮丧地坐在地上不起来。教练走了过来，拍拍弟子的肩膀说："掉落，是走稳的先决条件。"

弟子闻言,又重新爬上去练习。教练在旁叮咛着:"走,不停地走,直到你忘了那条钢丝的存在,忘了掉落这件事,你就算真正学会了。"

人生处处充满意外,我们必须像练习走钢丝一样,带着微笑、抬头挺胸,若是不慎掉落,就重新再站起来,当我们不再在意"意外",不再在意"掉落"。我们就可以走得比别人稳。

有两个台湾观光团到日本伊豆半岛旅游,路况很差,到处都是坑洼。其中一位导游连声抱歉,说路面简直像麻子一样。而另一个导游却诗意盎然地对游客说:"诸位先生、女士,我们现在走的这条道路正是赫赫有名的伊豆迷人酒窝大道。"

虽是同样的情况,然而不同的意念却会产生不同的态度。思想是何等奇妙的事,如何去想,决定权在你。

小明洗澡时不小心吞下一小块肥皂,他的妈妈慌慌张张地打电话向家庭医生求助。医生说:"我现在还有几个病人在,可能要半小时以后才能赶过去。"小明妈妈说:"在你来之前,我该做什么?"医生说:"给小明喝一杯白开水,然后用力跳一跳,你就可以让小明用嘴巴吹泡泡消磨时间了。"

逐梦箴言

takeiteasy! 放轻松、放轻松,生活何必太紧张?事情既然已经发生了,何不坦然自在地面对。担心不如宽心,穷紧张不如穷开心。

我的未来不是梦

智慧心语

忧愁、顾虑和悲观，可以使人得病；积极、愉快和坚强的意志和乐观的情绪，可以战胜疾病，更可以使人强壮和长寿。

——巴甫洛夫

过去属于死神，未来属于你自己。

——雪莱

人生有两出悲剧。一是万念俱灰；另一是踌躇满志。

——萧伯纳

乐观是希望的明灯，它指引着你从危险峡谷中步向坦途，使你得到新的生命、新的希望，支持着你的理想永不泯灭。

——达尔文

第五章

信仰之力

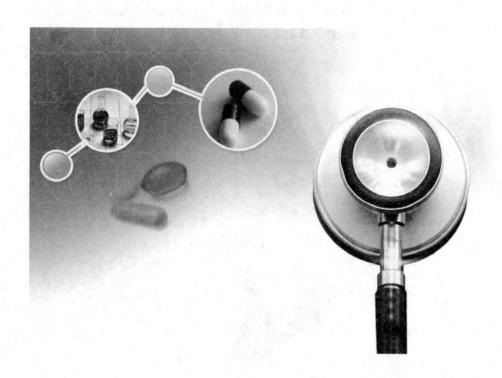

◦**导读**◦

　　作为医生,在任何时候都要有从事这个职业的神圣感、崇高感、正义感,对人类生命敬畏、尊重、保护。电视剧《医者仁心》里的钟立行说:"医生治病是一种态度。"他同时对年轻的医生丁海说:"你还不是一个好大夫,你还缺少信仰。"这种态度,这种信仰,需要高超的专业精神,就是知道自己在做什么以及这样做的意义;是把自己与一个伟大的事业联系在一起,释放生命的激情。

■ 人要活在信仰中

　　钟南山,福建厦门人,出身于医学世家。中国工程院院士,中华医学会会长。中国治疗呼吸系统疾病的领军人物,抗击"非典"先进人物。

　　钟南山很喜欢中学老师的一句教导:"人不只生活在现实中,还应生活在信仰中。"他经常跟身边的人强调,一个人的信仰最重要,它是精神的灵魂和支柱。

　　他对个别医生索取红包礼物的行为深恶痛绝,"医生的天职就是救死扶伤,不能有任何折扣,你选择了这个职业,就必须具备这个品德。"在钟南山身边工作的人员都知道他有一句名言:看病只看病情,不看背景。他还有著名的"三个一样"——高干、平民,有钱、无钱,城市、农村,一样的热情耐心,一样的无微不至,一样的负责到底。他是这样说的,也是这样做的。现在,"三个一样"成了所内医务人员的共同追求。

　　北京同仁堂中挂着的匾额——修合无人见,存心有天知。意思是说,在无人监管的情况下,做事不要违背良心,不要见利忘义,因为你的内心,上天是知道的。

　　修合一词,最早出现于北宋年间,是一个有关中药采制过程的术语。修,指对未加工药材的炮制;合,指对药材的取舍、搭配、组合。修合就是指中药的采集、加工、配制过程,它涉及药材的产地、成色、质量、加工等因素,直接影响中药的疗效。 "修合"在古语里是制药的意思,"修合无人见"就是你制药的时候没人能看见。

我的未来不是梦

逐梦箴言

古语有言头上三尺有神明,你要有敬畏之心,你要虔诚地对待你所从事的事业,事关人命,举手间,意味着一个生命的延续与消亡,走进这个行业,就要知道作为医生,你已经踏上一条无比崇高又无比艰难的路,你会遇到各种意想不到的情况,可你心中要始终不离不弃地有所坚持,有所皈依。

知识链接

医生如是说

每 10 个人中间就有一个平足,所谓平足就是脚弓很浅或者没有脚弓。平足的人,走路时间一长就会脚疼。但不要以为少走路或者以车代步就是解决的办法,因为我们发现,平足的人在 50 岁之后不仅会出现不同程度的脚骨扭曲,还会出现不同程度的心脏疾病。国外把平足分等级,3 级以上的平足就要进行手术,与其等老了再做手术不如现在就做。

"中华骨魂"郭春园

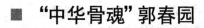

"如果不是长期徒手在 X 射线下给患者疗伤, 他的左手不会溃烂, 更不会癌变; 如果不是为了给患者提供最优质的服务, 他不会拒绝及早截除病指, 癌细胞也就不会顺着病指扩散到全身。他为患者献出的不仅是精湛的医术和高尚的医德, 还有他的健康乃至生命……"平乐医院的医护人员说起老院长, 个个泣不成声。

从上个世纪 50 年代起, 为了救治病人和临床教学, 郭春园在 X 光下整整工作了 25 年。作为医生, 他比谁都清楚长时间不加防护在放射线下工作会产生怎样的危害, 但如果给患者接骨时要戴上重达几斤的含铅防护手套, 就无法实现他提出断骨要百分之百复位的要求。为了患者的疗效, 任凭别人怎样劝说, 郭春园坚决不肯戴上沉重的铅手套。

1982 年, 59 岁的郭春园左手食指因长期遭受 X 光射线侵蚀而开始溃烂, 伤口长期流血化脓。为防止癌变, 大家劝他尽早截掉左手的食指。郭春园坚决反对: "我是骨科医生, 截去食指还怎么给病人治病呢?"直到2001 年, 78 岁的郭春园受伤的手指查出了鳞状上皮癌, 他才不得不截去了左手半截食指。术后不到一周, 他又坚持像以往那样每天专家门诊, 每周三天住院部查房, 直到癌症晚期, 他躺在病床上, 还坚持为病人看病。

终于, 癌细胞扩散、心肺功能衰竭将老人击倒了。但就是在他意识的模糊状态, 心里想的仍然是为患者看病。他每天都要重复几遍给病人看 X 光片的动作, 有时右手还以握笔写字的姿势在床单上画来画去。家人见状

问他在写什么,他说:"我在给患者开药方。"

逐梦箴言

　　把握的你信仰吧,一个人如果没有信仰,就好像长途跋涉的旅行者没有指南针一样,是很难达到目的地的。

郭春园

患者为上

　　吉林省通化市人民医院儿科主任、主任医师乔淑萍,牢记医务工作者救死扶伤的宗旨,时刻把患者放在第一位,刻苦钻研医学理论,倾尽爱心解除患儿病痛,用无声行动铸就了一个新时代好医生的光辉形象。

　　置脑瘫儿子于不顾,为的是避免出现更多的脑瘫患儿。儿科病季节性强,一到忙的时候危重患儿多,常常要加床。乔淑萍的儿子飞飞从小患脑瘫,免疫力差,经常是科里工作最忙时,儿子也生病。每当这时候,她常常狠狠心丢下儿子,跑到患儿身边。有一年冬天,外边正下着大雪。深夜,飞飞又发起高烧。这时医院来电话,一个叫宫宪坤的孩子患脑膜炎病情危重。乔淑萍撂下电话,起身就要走。这时儿子无助和乞求的目光让她的心颤抖了。这些年,因丈夫从事地质勘探工作,常年不在家,她虽然可以独自承担所有的家务,但此刻扔下这个脑瘫的孩子,乔淑萍还是于心不忍。儿子、患者哪个地位更重要?母亲、医生,哪个角色更应该摆在前面?瞬间的犹豫后,她还是毅然推开了家门。这一夜,她从死神手里夺回了患儿的生命,可家里的儿子依然在高烧。见到推门回来的妈妈,儿子张开干裂的嘴唇,无力地说了声:"妈妈,你才回来……"这一声,让身为母亲的乔淑萍禁不住泪如泉涌!对这件事,年幼的儿子搞不懂,长大懂事了,儿子明白了:"过去我不理解妈妈,她为什么总是在我有病的时候,去管别的孩子,一到这个时候,妈妈就会反问我,有很多孩子的病比你重,你会抛弃他们吗?妈妈对我说,飞飞,我不能只为了你,放弃那么多小孩的生命。妈妈生病后,

我懂了，如果一个人没有爱心，就没有生存的价值，妈妈把爱心给了我，也给了别的小孩，她是世界上最好的妈妈。"置夜深危险于不顾，为的是抢救生命受到病魔威胁的患儿。22年来，乔淑萍习惯了半夜三更被急诊电话惊醒，习惯了独自一人顶着夜色赶到急救岗位，也习惯了抢救患者忙到深夜。乔淑萍有两样东西，一样留在患者手里，一样留在自己身上。留在患者手里的是她的电话号码，留在自己身上的是她随身携带的手电筒。无论白天黑夜，风里雨里，只要一接到医院和患者家属打来的电话，她都会在第一时间赶到患者身边。

乔淑萍家离医院很远，也很偏僻。一天夜里，她刚出家门没走多远，一名歹徒突然从后面窜出来，一把抢走了她的挎包。惊魂未定后本可以转身回家，但一想到患者，她还是毅然向医院走去。为了工作，乔淑萍十几年没在家过一个除夕，每个周日、节假日她都要到科里走走看看。在她的影响和带领下，儿科21名女性医护人员，无论身在何处，不管白天夜晚，只要患者需要，就会在最短的时间内出现在患者的身旁。还没结婚的小护士可以像孩子妈妈一样娴熟地为患儿洗澡、换尿布；遇上急诊，医护人员不但忘记吃饭、休息，连家都顾不上；有时遇上情绪急躁的家长，她们还要默默承受各种委屈。但她们依然尽心尽力，无怨无悔，因为她们目睹了乔淑萍是怎样对待患者的，时刻记着乔淑萍常说的那句话——"患者永远没有错。"

22年来，她救治了无数的危重患儿。走在街上，常常有人拉着孩子对她说："这就是救过你命的那个乔阿姨。"在公交车上，也常常会遇到不熟悉的乘客争着为她买票。

2004年的夏天，一个手捧鲜花的小男孩来到她的办公室，跟在孩子后面的母亲告诉她："乔主任，10年前，是你把我的儿子救活的。今天是孩子10岁生日，我特地让你看看孩子，也是让孩子能永远记住救了他命的乔阿姨。"

逐梦箴言

一个有信仰的医生,就是一只拥有美丽翅膀的鸿雁,可以自由翱翔;一个有信仰的医生,就像一艘拥有最好船帆的轻舟,可以乘风破浪。飞向或者驶向何方,都已成竹在胸。

知识链接

医生如是说

导致肿瘤的原因多种多样,霉菌就是其中一种。玉米、粳米、黄豆等健康食品一旦霉变就产生这种会引起肿瘤的霉菌,破坏胃、肺等脏器的健康。虽然要响应号召吃粗粮,但一定不能吃有霉变的粗粮,一点点也不可以。

我的未来不是梦

■ 纪念白求恩

在《毛泽东选集》中有这样一段盛赞一名外国医生的文字，"一个外国人，毫无利己的动机，把中国人民的解放事业当作他自己的事业，这是什么精神？这是国际主义的精神，这是共产主义的精神，每一个中国共产党员都要学习这种精神。""白求恩同志毫不利己专门利人的精神，表现在他对工作的极端的负责任，对同志对人民的极端的热忱。""我们大家要学习他毫无自私自利之心的精神。从这点出发，就可以变为有利于人民的人。一个人能力有大小，但只要有这点精神，就是一个高尚的人，一个纯粹的人，一个有道德的人，一个脱离了低级趣味的人，一个有益于人民的人。"这段文字对于中国人来说一点都不陌生。由此我也可以去追溯一下这位伟大医生的一生。

诺尔曼·白求恩，1890 年 3 月 3 日生于加拿大安大略省格雷文赫斯特镇一个牧师家庭。青年时代，当过轮船侍者、伐木工、小学教员、记者。1916 年毕业于多伦多大学医学院，获学士学位。曾在欧美一些国家观摩、实习，在英国和加拿大担任过上尉军医、外科主任。1922 年被录取为英国皇家外科医学会会员。1933 年被聘为加拿大联邦和地方政府卫生部门的顾问。1935 年被选为美国胸外科学会会员、理事。他的胸外科医术在加拿大、英国和美国医学界享有盛名。

1935 年 11 月加入加拿大共产党。德、意法西斯支持佛朗哥发动西班牙内战，他于 1936 年冬志愿去西班牙参加反法西斯斗争。中国抗日战争

爆发后，为了援助中国人民的解放事业，1938年3月，他受加拿大共产党和美国共产党派遣，率领一个由加拿大人和美国人组成的医疗队来到延安。8月，任八路军晋察冀军区卫生顾问，悉心致力于改进部队的医疗工作和战地救治，降低伤员的死亡率和残废率。把军区后方医院建设为模范医院，组织制作各种医疗器材，给医务人员传授知识，编写医疗图解手册。在他的倡议下成立了特种外科医院，举办了医务干部实习周，加速训练大批卫生干部，组织战地流动医疗队出入火线救死扶伤。为减少伤员的痛苦和残废，他把手术台设在离火线最近的地方。11月底，他率医疗队到山西雁北进行战地救治，两昼夜连续做71次手术。

1939年2月，他率18人的"东征医疗队"到冀中前线救治伤员，不顾日军炮火威胁，连续工作69小时，给115名伤员做了手术。有一次，当某伤员急需输血时，他主动献血300毫升。他还倡议成立并参加了志愿输血队。有些伤员分散在游击区居民家里，他和医疗队冒着危险去为他们做手术。4个月里，行程1500余里，做手术315次，建立手术室和包扎所13处，救治伤员1000多名。为了适应战争环境，方便战地救治，组成流动医院，组织制作了药驮子，可装做100次手术、换500次药和配制500个处方所用的全部医疗器械和药品，被称为"卢沟桥药驮子"；制作了换药篮，被称为"白求恩换药篮"。7月初，他回到冀西山地参加军区卫生机关的组织领导工作，提议开卫生材料厂，解决了药品不足的问题；创办卫生学校，培养了大批医务干部；编写了《游击战争中师野战医院的组织和技术》《战地救护须知》《战场治疗技术》《模范医院组织法》等多种战地医疗教材。他还将自己的X光机、显微镜、一套手术器械和一批药品捐赠给军区卫生学校。

白求恩在前线曾多次给毛泽东写信，汇报他的工作情况，对医疗工作提出不少建议。毛泽东也非常关心白求恩的工作和生活。毛泽东在给晋察冀边区聂荣臻司令员的电报中指示："请每月付白求恩一百元。白求恩报告称松岩口医院建设需款。请令该院照其计划执行。同意任白求恩为军区卫生顾问。对其意见、能力完全信任。一切请视伤员需要斟酌办理。"白求恩很感谢毛泽东对他的关心，他在复电中说："我自己不需要钱。因为

杏林仁者

衣食等一切均已供给。该款若是由加拿大或美国汇给我私人的,请留作烟草费,专供伤员购买烟叶及纸烟之用。"1939年10月下旬,在涞源县摩天岭战斗中抢救伤员时左手中指被手术刀割破,后来给一个外科传染病伤员做手术时受感染,仍不顾伤痛,坚决要求去战地救护。他说:"你们不要拿我当古董,要拿我当一挺机关枪使用。"随即跟医疗队到了前线。终因伤势恶化,转为败血症,医治无效,于11月12日凌晨在河北省唐县黄石口村逝世。他在生命的最后时刻,仍怀着崇敬的心情,想念着毛泽东。他握着周围同志的手说:"请转告毛主席,感谢他和中国共产党给我的帮助。我相信,在毛主席的领导下,中国人民一定会获得解放。"

1939年11月17日,晋察冀边区党、政、军领导机关和驻地群众为他举行了隆重的葬礼。12月1日,延安各界举行追悼大会。

逐梦箴言

我们每个人都在做着选择,选择卓越还是平庸,你可以不追逐信仰,但你的生活并不会因此而轻松;如果你选择了皈依信仰,也许你的人生从此精彩。

知识链接

医生如是说

如果你认为刷牙就是早晚各一次的事,那是因为你还不知道,睡眠时细菌在你的口腔内的繁殖速度只是白天的60%,也就是说在白天,你的口腔更需要护理。我推荐343的刷牙模式,就是早上刷牙3分钟,中午刷牙4分钟,晚上刷牙3分钟。但刷牙最好安排在饭后半小时,这样不会损伤牙釉质。

■ 吴有性：苟利患者生死以，岂因祸福避趋之

明朝末年，战争连绵，灾荒不断，疫病流行。崇祯辛巳（1641），山东、河南、河北、浙江等地疫情猖獗，延门阖户，感染者往往相率倒毙。一般医者以伤寒论治，难以取效。"不死于病，乃死于医"，身处那种情况下的吴有性认为"守古法，不合今病，以今病简古方，原无明论，是以投剂不效。"吴氏因此系统地钻研古代医书，认为历代医书研究温病的太少，故而大胆设想，深入观察，"格其所感之气，所入之门，所受之处及其传变之体"。结合临床实践经验编写了《瘟疫论》，成为我国医学发展史上继《伤寒论》之后又一部论述急性外感传染病的专著，在外感病学及传染病学领域均占有重要的地位。吴氏的医学成就与其不顾个人安危，亲临疫区寻求疾病之因、探求治疾病之法，奋不顾身地为患者着想的精神与举动分不开的！在他看来，患者的生死才是大事。只要自己所为有利于患者便行，怎么能够因为自己的福祸而影响探求为民疗疾方法的行动呢！

逐梦箴言

使命感是一种无论给予自己的任务有多么困难，都要有一定要完成的坚强信念。对于医生来说，如果缺少"治病救人"的使命感，就很难成为一个真正优秀的白衣天使。

我的未来不是梦

■ 不为良相，愿为良医

许多中医人常常听到这句话，"不为良相，愿为良医"。它把"医"与"相"并提，更使人深觉学医责任重大。可你知道这句话是谁说的吗？

据宋人吴曾的《能改斋漫录》卷十三《文正公愿为良医》记载：宋代名儒范仲淹，有一次到祠堂求签，问以后能否当宰相，签词表明不可以。他又求了一签，祈祷说："如果不能当宰相，愿意当良医"，结果还是不行。于是他长叹说："不能为百姓谋利造福，不是大丈夫一生该做的事。"

后来，有人问他："大丈夫立志当宰相，是理所当然的，您为什么又祈愿当良医呢？这是不是有一点太卑微了？"

范仲淹回答说："怎么会呢？古人说，'常善用人，故无弃人，常善用物，故无弃物'。有才学的大丈夫，固然期望能辅佐明君治理国家，造福天下，哪怕有一个百姓未能受惠，也好像自己把他推入沟中一样。要普济万民，只有宰相能做到。现在签词说我当不了宰相，要实现利泽万民的心愿，莫过于当良医。如果真成为技艺高超的好医生，上可以疗君亲之疾，下可以救贫贱之厄，中能保身长全。身在民间而依旧能利泽苍生的，除了良医，再也没有别的了。"

逐梦箴言

　　这就是后世相传"不为良相,愿为良医"的由来。那些胸怀大志的儒者,把从医作为仅次于进入仕途的人生选择,正是因为医药的社会功能与儒家的经世致用(即治国平天下)的思想比较接近。元代戴良说得好:"医以活人为务,与吾儒道最切近。"

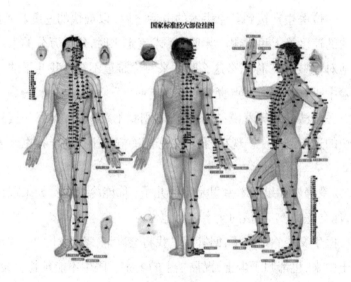

国家标准经穴部位挂图

我的未来不是梦

■ 冷静

　　一位医生在接到紧急手术的电话之后,以最快的速度赶到医院,并用最快的速度换上手术服。当他朝手术室走来时,焦急万分的患者的父亲失控地对他喊道:"你怎么这么晚才来? 你难道不知道我儿子的生命正处在危险中吗? 你难道一点责任心都没有吗?"

　　医生淡然地笑着说:"很抱歉,刚刚我不在医院。但我一接到电话就以最快的速度赶来了。现在,我希望您能冷静一下。这样我也好去做我的工作。"

　　"冷静? 如果手术室里是你的儿子,你能冷静吗? 如果现在你儿子死了,你会怎样?"男孩的父亲愤怒地说。

　　医生又淡然地笑了,回答道:"我将会默诵《圣经》上的一句话:'我们从尘土中来,也都归于尘土,祝福是主的名字。'医生不能延长生命,我们只是在神的恩典下尽力而为,请为你的儿子祈祷吧。"

　　"当人漠不关心时才会给出如此轻巧的建议。"男孩的父亲嘀咕道。

　　几个小时后,手术顺利完成,医生高兴地走出来,对男孩的父亲说:"谢天谢地,你的儿子得救了!"然而,还没有等到男孩的父亲答话,他便匆匆离去了,并说,"如果有问题,你可以问护士!"

　　"他怎么如此傲慢? 连我问问儿子的情况这几分钟的时间他都等不了吗?"父亲对护士忿忿不平地说道。

　　护士的眼泪一下子就流出来了。"他的儿子昨天在一次交通事故中死

了。当我们叫他来为你儿子做手术的时候，他正在去墓地的路上。现在，他救活了你儿子，要赶去完成他儿子的葬礼。"

逐梦箴言

皈依信仰，就要有所牺牲，没有莫名的伟大与崇高，做个好医生，你准备好了吗？

■ 天职

　　海尔曼博士是位医术高超、医德高尚的大夫。他开的诊所已远近闻名，在波兰的布拉沙市里没有人不知道海尔曼和他的诊所的。

　　一天夜里，他的诊所被一个小偷给撬开，一点现金和几样珍贵的药物，都被小偷放在提兜里准备带走。不巧，慌忙中撞倒了吊瓶支架，又被氧气罐绊倒，小偷摔折了大腿，要跑也爬不起来了。这时，海尔曼和助手从楼上下来。助手说："打电话让警察把他带走吧！"

　　"不，在我诊所的病人不能这样出去。"海尔曼把小偷抬上手术台，连夜给他做了复位固定的手术，并打上了石膏绷带。一直在诊所里把他彻底治好，才把他交给警察。

　　助手说："他偷了您的财物，您怎么还如此给他治疗呢？"

　　"救死扶伤是医生的天职。"

　　又一天，他的前妻护送一位车祸中受重伤的人来到诊所。她泪流满面地说："海尔曼，亲爱的海尔曼，你还恨我吗……为了拯救他的生命，我不得不来求你，你是全市唯一能给他做手术的人。"

　　受重伤的人正是夺走海尔曼爱妻的列夫斯特。

　　列夫斯特一直处于昏迷状态，待进了手术室才清醒过来。见拿着手术刀的是海尔曼，不由得大吃一惊，连忙挣扎着要起来。

　　"老实躺好，这是上帝的安排，你是我必须抢救的患者。医生在手术室里忘记的是个人的恩怨，记住的只是他的天职。"

　　这年，德国发动第二次世界大战，战领了布拉沙。一个盖世太保头目，

被波兰地下战士一枪打中了胸部。随军医生没人能给他做这样的大手术，便把他化装送到海尔曼诊所。海尔曼一眼就认出这是个最凶残的德国刑警队警官，在这个城市时不知有多少波兰人死在这个人的枪口下。

海尔曼支走了所有助手和医护人员，他洗手、刮脸、换上了上教堂才穿的那套西装，罩上了一件最新的白外套。然后拿起他最大的那把手术刀，一下子剖开了那个盖世太保的胸膛。

他没有去找子弹，而是把手术刀插在这个人的心脏上……

在受审时，德国人说："你玷污了你的手术刀。"

"没有，它用得其所。"

"你忘记了医生的天职。"

"没有，"他一字一顿地说，"曾经有人这样说过，'在生活的舞台上，我们先是冷静思考片刻，然后就扮演起自己的角色'。此时此刻，反法西斯就是最高的天职！"——字字千钧，全市人都听到了。

海尔曼牺牲了。可城里到处张贴着"天职"两个大字，不用再加其他文字，它就成了一条具有巨大号召力量的反法西斯标语。

逐梦箴言

树的方向，由风决定；人的方向，自己决定。

知识链接

医生如是说

千万别在身体感到特别疲劳时喝咖啡或浓茶来提神，否则会对心血管系统造成巨大的伤害，心慌就是表现出的一种症状，身体疲劳时吸烟，烟草对身体的伤害也会加倍。

我的未来不是梦

■ 以活人为心，不记宿怨

　　万全，字密斋，明代著名医学家。今湖北省罗田县人。他出身世医之家。乃明代祖传儿科名家，精于儿科及养生学。临床治病多有良效。 他不仅医术高超，而且有崇高的医德，民间流传着"以活人为心，不记宿怨"的典故。

　　事情发生在明代嘉靖辛丑年(即嘉靖二十年，1541 年)，罗田县富绅胡元溪有个 4 岁儿子于农历二月间患咳嗽，急于请儿科医生诊治。因胡元溪对万全有怨恨情绪，便故意不请万全，只请其他医生诊治。先后换了好几个医生，非但未能治愈，病情反而恶化。到了秋季，不但咳嗽加重，而且"痰血并来"。到了农历九月间，病势更为严重，已经到了"事急矣"的危急状态。实在不得已，胡元溪这才决定改请万全给儿子看病。事前还专为此事求神卜卦，直到得了吉祥之卦这才来请万全。万全虽然对胡元溪很反感，相处很别扭，但他认为此时抢救小儿性命最为要紧，其他均不宜计较，应当胸怀宽广地对待此事。他说："予以活人为心，不记宿怨"。于是立即前往胡家诊治。

　　万全对胡家小儿进行了详细的诊察，又查看了前面几个医生所开的处方。确认是由于误治导致病情加重。本来春季应当抑肝补脾，以滋肺之化源，而医生误用了泻肺的方法；夏季应当清心养肺，治以寒凉，而医生误用了温热之药治疗。现今时值九月，乃深秋时节，"必与清金降火润肺凉血"之方药治之，而且"非三五十剂不效也。"于是，万全对胡元溪说："令郎之病，肺有虚火，幸过深秋，金旺可治。予能愈之，假一月成功。"胡元溪却说："何太迟也？"万全耐心地解释说，此病已经拖了半年多时间，迁延日久，必

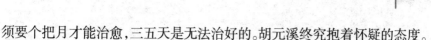

须要个把月才能治愈,三五天是无法治好的。胡元溪终究抱着怀疑的态度。

万全给胡家小儿开了一个处方,叫做清肺降火茅根汤。其组成药物如下:天门冬、麦门冬、知母、贝母、桔梗、生甘草、陈皮(去白)、枳壳、阿胶、黄芩、苏叶等水煎,取白茅根汁和饮之。"五剂后,咳减十分之七,口鼻之血止矣。"胡元溪却嫌好得太慢,他怀疑万全不肯全力以赴地下工夫治疗。又改请新的医生万绍来诊治。有人对万全说.胡家既然不信任你,你从此即可以撒手不管了。万全却语重心长地说:"彼只一子,非吾不能治也。吾去彼再不复请也,误了此儿。非吾杀之,亦吾过也。"他决定留下来看新的医生万绍怎样处方,若处方对症则放心离去,如药方不妥就会提出修改意见。万全果然发现万绍所开处方很不对症,当即提出修改意见,万绍却拒不接受。胡元溪也帮腔说这是秘方,不必修改,并且怀疑万全是在嫉妒同行。万全说:"吾为此子忧,非相妒也。"万全不无忧虑地摸着小儿的头说:"(此药)且少吃些,可怜疾之复作奈何?"说罢,不辞而别。

胡家小儿吃了万绍所开处的方药之后。咳嗽复发,而且气促吐血,病势陡然危重起来。孩子哭着说:"吾吃万(全)先生药好些。爷请这人来,要毒杀我。"胡元溪的妻子"且怒且骂",大骂丈夫愚蠢固执,不该辞退万全而另请他人。胡元溪到了此时才感到后悔不已,只好硬着头皮再次前往向万全求治。其时,万全正在朋友家饮酒已经大醉,胡元溪只好赶到那里等待,直至夜半万全酒醒,胡元溪一边检讨,一边恳请万全再次出诊。万全长叹一声说:"早听吾言,不有此悔。要我调治,必去嫌疑之心。专付托之任,以一月为期。"万全重新来到胡家,胡元溪的妻子当即取出白银五两做酬金,并说待孩子痊愈后再付白银五两作为酬谢。万全说:"只要信我用我,使我(集中精力)治好了,不在谢之多少也。"万全仍然开处润肺降火茅根汤予以加减而治之,效果良好。仅仅历时 17 天,胡家小儿就痊愈了。

逐梦箴言

不计前嫌,不计旧恶,心中眼中只有你所从事的事业,由此这个事业也就在你身上展现出前所未有的光彩。

知识链接

医生如是说

尽量不要在空气流动性不好的健身房中健身。因为这样的空气中充斥着其他人呼出的废气,边运动边吸进这些有害的气体,不仅达不到强身健体的目的,反而损害身体健康,首先遭殃的就是你的呼吸系统。

当年的协和女医

老协和女大夫都喜欢穿素色修身旗袍,高贵脱俗,她们脱下白大褂走在街上,都能被老百姓一眼辨认出那是协和人。浏览老协和的名医档案,林巧稚、杨崇瑞、叶恭绍等女大夫的名字格外引人注目。20世纪上半叶,职业女性崭露头角,却仍备受歧视。协和以开放的心态接纳了女性,也为她们设置了一道不近人情的门坎:担任住院医生的女性,一旦结婚自动解聘,女护士如果结婚必须辞职。也许,这既是门坎,也是考验。坚定的理想和虔诚的信仰,支撑老协和女医护人员以殉道者的姿态,做出常人难以做出的牺牲。她们大多终身未婚,将自己嫁给了医疗事业。她们是中国医疗史上的特蕾莎修女。"万婴之母"林巧稚,就是这样一个代表。

中国妇产科学的主要开拓者之一林巧稚,她是北京协和医院第一位中国籍妇产科主任及首届中国科学院唯一的女学部委员(院士),林巧稚这个名字家喻户晓,一是因为她医术高明、医德高尚,二是因为她亲手接生了5万多婴儿,虽然她自己从未有过孩子。每一个林巧稚亲手接生的孩子,出生证上都有她秀丽的英文签名:"Lin Qiao zhi's Baby"(林巧稚的孩子)。林巧稚说过:"生平最爱听的声音,就是婴儿出生后的第一声啼哭。"

林巧稚对待病人极为温柔耐心,难怪很多妇女千里迢迢赶到协和找林大夫。原协和医院副院长黄人健回忆说,她曾看到林大夫掏出几十块钱给一个流产的贫穷妇女,让她买营养品。"那时林大夫的工资是300块,像这样资助病人的情况太常见了。"

1921 年协和医学院落成，林巧稚正是在这一年考入协和。当时她 20 岁，在那个年代已经算"大龄女青年"，和她一同在厦门女子师范毕业的同学基本都结婚了。家人开玩笑说，医科一读至少 8 年，你毕业了还怎么嫁人呢？林巧稚非常看不惯女孩必须依附丈夫的旧观念，坚决去参加考试，据说她还撂下一句气话："那我就一辈子也不嫁！"

1929 年，林巧稚毕业，8 年前入学时有 5 个女生，3 人坚持到最后。林巧稚学业优异并热心公益，得以留校任职，她是协和第一个毕业留院的中国女生。聘书这样写道："兹聘请林巧稚女士任协和医院妇产科助理住院医师……聘任期间凡因结婚、怀孕、生育者，作自动解除聘约论。"

老协和的管理者坚信，一个女人不可能同时扮演贤妻良母和职业女性两种角色。林巧稚怀着矛盾的心情接下这张光荣的聘书，也接下一纸枷锁。曾有说法认为林巧稚有过一段朦胧的恋爱，但随着她在医院表现出色，协和派她赴欧美考察深造，恋情也不了了之。

1940 年林巧稚回国，不久升任妇产科主任，她又创了个纪录：协和第一位中国籍女主任。林的学生严仁英说："女的里头能当上教授、主任的就她（林巧稚）一个人，如果她结婚了她就没有这个了。她独身不是她自己选择的，是被逼的。"

直到晚年病重、身体极为衰弱，林巧稚还坚持工作。家人和学生劝她休息，她说："上帝如果让我继续生存在这个世界上，那么，我存在的场所便是在医院病房，我存在的价值便是治病救人。"她虽然早已不是住院医师，但她要求值班医生和护士，只要病人出现问题，即使是半夜也要马上通知她，否则她会生气批评。林巧稚曾说过，"我的唯一伴侣就是床头那部电话。"

协和纯净如真空的环境，养成林巧稚单纯倔强的个性，她对政治一无所知，也毫无兴趣。1949 年，人民解放军兵临北平城下，北平城防总司令傅作义的夫人给林巧稚送来一张傅将军亲笔签名的机票，可以搭乘任何一次航班去任何一个城市，傅太太特别说："这是多少人用金条换不来的。"林巧稚谢绝了好意。她就要在协和守着她的病人。

逐梦箴言

　　人生如果没有信仰,没有梦想,是最可怜的。这样的人比乞丐还糟糕! 你看山高,人更高! 你看路长,腿更长!

知识链接

医生如是说

　　吃药期间要禁酒,因为酒精不仅会将大部分药物的副作用放大数倍,还有可能和药物成分发生反应生成新的毒性成分。

林巧稚

智慧心语

信仰是心中的绿洲。

——哈·纪伯伦

当信仰丧失了,荣誉也失去了的时候,这人等于死了。

——惠蒂尔

信仰不是一种学问。信仰是一种行为,它只被实践的时候才有意义。

——罗曼·罗兰

人是为了某种信仰而活着。

——克莱尔

第六章

相信自己

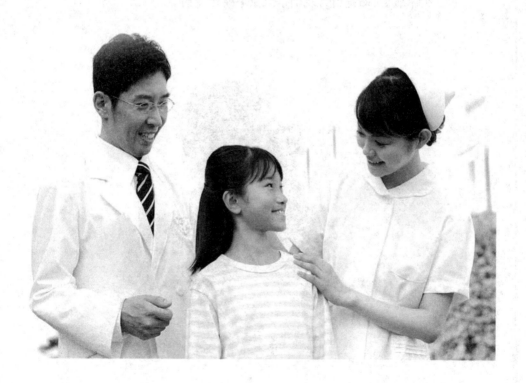

◦导读◦

　　自信而不自大,是一个医生需要的,无需解释什么,没有自信的人不会成功。

　　居里夫人曾经说:我们必须有恒心,尤其要有自信!我们必须相信我们的天赋是要用来做某种事情的,无论代价多么大,这种事情必须做到。成功并不像你想象的那么难,并不是因为事情难我们不敢做,而是因为我们不敢做事情才难的。

我信我行

一个在英国留学的中国医学生，他决定开展关于吸烟与健康问题的研究。为了取得可靠的资料，他让皇家医院的同事向他体内输入一氧化碳，同时不断抽血检验。当一氧化碳浓度在血液中达到15%时，同行们都不约而同地叫嚷："太危险了，赶快停止！"但他认为这样还达不到实验设计要求，咬牙坚持到血红蛋白中的一氧化碳浓度达到22%才停止。实验最终取得了满意效果，但他却几乎晕倒。要知道，这相当于正常人连续吸60多支香烟，还要加上抽800毫升的鲜血。他就是中国工程院院士，中华医学会会长，中国治疗呼吸系统疾病的领军人物，抗击"非典"先进人物钟南山。

在2003年抗击SARS战斗中，他坚持实事求是，不畏权威，勇敢地对"衣原体之说"提出质疑，促成广东省决策层坚持和加强了原来的防治措施，这也是广东省取得SARS患者病死率最低、治愈率最高的很重要的原因，充分表现出了一个科学家应有的良知和勇气。

逐梦箴言

在每个行业取得成功，艰辛汗水、努力拼搏、坚持奋斗，都是不能缺少的，可是在这些的后面，你还要有对自己强大的自信，相信自己能行。正如培根所说，深窥自己的心，而后发觉一切的奇迹在你自己。

■ 绵竹 20 岁的"小医生"

一脸稚气的脸庞，只有 1.2 米的身高，穿着小小的白大褂，今年 20 岁的赵修刚坐在绵竹市人民医院中医科的门诊室里，在实习老师邓洪章的指导下接待着来来往往的病人。

如果不是身上的那一件白大褂和佩戴的实习胸牌，每一位走进门诊室的人根本不会把他与这里的实习生联系在一起。面对许多人好奇的目光，赵修刚在老师的指导下诊断、填病历、开药单，做得一丝不苟。在这里，许多人都亲切地叫他"小医生"。

见到赵修刚，他很高兴地接受了记者的采访。停下手中的活，他聊起了由于身高异常而导致的与常人有些不同的生活。

赵修刚是九龙镇双同村七组人，今年 20 岁的他看起来只有 10 岁左右孩子的样子。赵修刚告诉记者，爸爸妈妈和哥哥都很正常，唯独自己的身高只有 1.2 米。这也就注定了他的一生所承受的苦痛要更多。赵修刚说，小的时候，自己并没有发现和别人有哪里不同的地方，转折出现在自己上小学五六年级的时候。那时候，身边的同学都在长个，而自己似乎就再也没有长高过，当时他还以为是营养不良，就吃了一些营养品并加强身体锻炼，但没有起到什么好的效果。赵修刚的爸妈也发现了他的异常，便带着他来到了成都一家医院进行检查，检查后得知，赵修刚的身体内缺乏生长激素，必须通过昂贵的药物来治疗。当时一个月的医药费就要 1000 多元，对于他们一家来说，是不可能长期支付的一大笔费用。治疗一个月后，父

母无奈带着他回了家。自此,赵修刚的身高就定格在了10岁的时候。

采访中,赵修刚始终微笑着和记者谈着话,谈及自己的先天不足,其轻松的语气和风趣的言谈令记者吃惊,记者真真切切感受到一个阳光小伙子的乐观与自信。

转眼到了初中,不长个的赵修刚常常受到小伙伴嘲笑,但亲人无私的关爱和呵护给予了赵修刚生活的勇气和坚强。"生是注定的,但活是可以选择的,后天的创造就是人选择的活法。活得精不精彩,活得有没有价值,就在于人后天的发展。"至今,父母这些话语还深深烙在赵修刚的脑海里。在亲人们无数次的耐心开导下,起初自卑的赵修刚变得坚强起来,他选择了笑对人生,以乐观的心态去面对所有的事情。父亲那句简单却朴实的话时时激励着他,那就是:天生我材必有用。

在上初中的日子里,赵修刚读到了很多同龄人身残志坚的故事,这些故事也深深地激励了他。他变得开朗、活泼起来,面对异样的目光总是一笑而过。他不再胆怯和退缩,主动和同学打成一片,在班上做着一些自己力所能及的事情。并且,他下定决心好好学习,决心用知识来改变自己的命运。初中毕业后,赵修刚遵从了父亲的愿望,考取了四川中医药高等专科学校。

在上医学院的日子里,赵修刚一直用乐观向上、刻苦学习的精神感动着周围的同学。他开朗的性格受到了大家的喜爱,同学和老师除了在学习上帮助他,在生活上也一直关心着他,同学们把他当小弟弟一般对待,赵修刚也在这样的日子里不断地吸取知识的营养,丰富自己的内涵。

5年的学习生活过得很快,今年7月,赵修刚就要从四川中医药高等专科学校毕业了。

去年9月,赵修刚和同校的60名同学一起来到市人民医院里实习,他看到了刚刚经历了大地震后家乡的情景,也感受到了家乡人民一步步重建家园的自强不息精神。他说,自己家里的房子也在地震中倒塌了,但是在国家、社会各界好心人和全家人的努力下,春节前,他们一家人住进了新房,"只要有双手,就能创造新生活。"赵修刚笑着说。他以这样一种尽责的态

度面对生活,也同样以尽责的态度面对自己的实习工作。实习期间,许多老师对他给予很高的评价:"肯学、肯钻,具有一定的理论、临床知识,性格开朗、活泼。"

面对未来,赵修刚依然充满信心。他希望自己能够顺利地考取医师资格证,能够从事自己喜爱的医疗工作,能够凭借自己的能力救死扶伤,为更多需要帮助的人提供帮助,自己的人生价值也在工作中得到体现。

逐梦箴言

前行的路上还会有风雨,有荆棘,但是凭借一个人的坚强、自信却可以让我们看到了无尽的希望。拉芳士福古说:我们对自己抱有的信心,将使别人对我们萌生信心的绿芽。

知识链接

医生如是说

别用太热的水洗脸,否则面部皮肤迅速扩张,之后容易产生皱纹。夏天也别用太冷的水洗脸,否则毛孔受到刺激突然收缩,其中的油垢不能被及时地清出,容易出现粉刺和痘痘。要想抵抗皮肤衰老,比起皱纹而言,皮肤松弛和毛孔粗大更要重视。

■ 成功并不像你想象的那么难

1965 年，一位韩国学生到剑桥大学主修心理学。在喝下午茶的时候，他常到学校的咖啡厅或茶座听一些成功人士聊天。这些成功人士包括诺贝尔奖获得者，某一些领域的学术权威和一些创造了经济神话的人，这些人幽默风趣，举重若轻，把自己的成功都看得非常自然和顺理成章。时间长了，他发现，在国内时，他被一些成功人士欺骗了。那些人为了让正在创业的人知难而退，普遍把自己的创业艰辛夸大了，也就是说，他们在用自己的成功经历吓唬那些还没有取得成功的人。

作为心理系的学生，他认为很有必要对韩国成功人士的心态加以研究。1970 年，他把《成功并不像你想象的那么难》作为毕业论文，提交给现代经济心理学的创始人威尔·布雷登教授。布雷登教授读后，大为惊喜，他认为这是个新发现，这种现象虽然在东方甚至在世界各地普遍存在，但此前还没有一个人大胆地提出来并加以研究。惊喜之余，他写信给他的剑桥校友——当时正坐在韩国政坛第一把交椅上的人——朴正熙。他在信中说，"我不敢说这部著作对你有多大的帮助，但我敢肯定它比你的任何一个政令都能产生震动。"

后来这本书果然伴随着韩国的经济起飞了。这本书鼓舞了许多人，因为他们从一个新的角度告诉人们，成功与"劳其筋骨，饿其体肤""三更灯火五更鸡""头悬梁，锥刺股"没有必然的联系。只要你对某一事业感兴趣，长久地坚持下去就会成功，因为上帝赋予你的时间和智慧够你圆满做

完一件事情。后来,这位青年也获得了成功,他成了韩国泛业汽车公司的总裁。

杏林仁者

逐梦箴言

　　人世中的许多事,只要想做,都能做到,该克服的困难,也都能克服,用不着什么钢铁般的意志。只要一个人还在朴实而饶有兴趣地生活着,并相信自己能够做到最好,他终究会发现,造物主对世事的安排,都是水到渠成的。一名优秀的医生就是在对于他的工作报以最大的热忱,并坚信这是最适合他的职业,而且定会在此做出非凡的成就,那么成功也许已经是他囊中之物。

　　坚决的信心,能使平凡的人们做出惊人的事业。

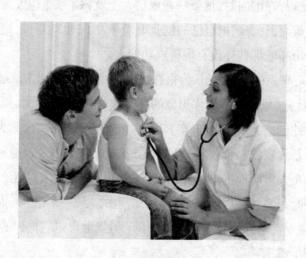

116

■ 其实大家都一样

阴影是条纸龙,人生中,究竟会对你产生怎样的影响,最终决定权在你手中。

祖父用纸给我做过一条长龙。长龙腹腔的空隙仅仅只能容纳几只蝗虫,投放进去,它们都在里面死了,无一幸免!祖父说:"蝗虫性子太躁,除了挣扎,它们没想过用嘴巴去咬破长龙,也不知道一直向前可以从另一端爬出来。因而,尽管它有铁钳般的牙齿和锯齿一般的大腿,也无济于事。当祖父把几只同样大小的青虫从龙头放进去,然后关上龙头,奇迹出现了:仅仅几分钟,小青虫们就一一地从龙尾爬了出来。

命运一直藏匿在我们的思想里。许多人走不出人生各个不同阶段或大或小的阴影,并非因为他们天生的个人条件比别人要差多远,而是因为他们没有思想要将阴影纸龙咬破,也没有耐心慢慢地找准一个方向,一步步地向前,直到眼前出现新的洞天。

飞翔的蜘蛛信念是一种无坚不摧的力量,当你坚信自己能成功时,你必能成功。

一天,我发现,一只黑蜘蛛在后院的两檐之间结了一张很大的网。难道蜘蛛会飞?要不,从这个檐头到那个檐头,中间有一丈余宽,第一根线是怎么拉过去的?后来,我发现蜘蛛走了许多弯路——从一个檐头起,打结,顺墙而下,一步一步向前爬,小心翼翼,翘起尾部,不让丝沾到地面的沙石或别的物体上,走过空地,再爬上对面的檐头,高度差不多了,再把丝收紧,

以后也是如此。

蜘蛛不会飞翔,但它能够把网结在半空中。它是勤奋、敏感、沉默而坚韧的昆虫,它的网制得精巧而规矩,八卦形的张开,仿佛得到神助。这样的成绩,使人不由想起那些沉默寡言的人和一些深藏不露的智者。于是,我记住了蜘蛛不会飞翔,但它照样把网结在空中。奇迹是执着者造成的。

为生命画一片树叶,只要心存相信,总有奇迹发生,希望虽然渺茫,但它永存人世。

美国作家欧·亨利在他的小说《最后一片叶子》里讲了个故事:病房里,一个生命垂危的病人从房间里看见窗外的一棵树,树叶在秋风中一片片地掉落下来。病人望着眼前的萧萧落叶,身体也随之每况愈下,一天不如一天。她说:"当树叶全部掉光时,我也就要死了。"一位老画家得知后,用彩笔画了一片叶脉青翠的树叶挂在树枝上。最后一片叶子始终没掉下来。只因为生命中的这片绿,病人竟奇迹般地活了下来。

人生可以没有很多东西,却唯独不能没有希望。希望是人类生活的一项重要的价值。有希望之处,生命就生生不息!

生命的价值不要让昨日的沮丧令明天的梦想黯然失色!

在一次讨论会上,一位著名的演说家没讲一句开场白,手里却高举着一张20美元的钞票,面对会议室里的200个人,他问:"谁要这20美元?"一只只手举了起来。他接着说:"我打算把这20美元送给你们中的一位,但在这之前,请准许我做一件事。"他说着将钞票揉成一团,然后问:"谁还要?"仍有人举起手来。

他又说:"那么,假如我这样做又会怎么样呢?"他把钞票扔到地上,又踏上一只脚,并且用脚碾它。尔后他拾起钞票,钞票已变得又脏又皱。"现在谁还要?"还是有人举起手来。"朋友们,你们已经上了一堂很有意义的课。无论我如何对待那张钞票,你们还是想要它,因为它并没贬值,它依旧值20美元。人生路上,我们会无数次被自己的决定或碰到的逆境击倒、欺凌甚至碾得粉身碎骨。我们觉得自己似乎一文不值。但无论发生什么,或将要发生什么,在上帝的眼中,你们永远不会丧失价值。在他看来,肮脏或

洁净，衣着齐整或不齐整，你们依然是无价之宝。"

生命的价值不依赖我们的所作所为，也不仰仗我们结交的人物，而是取决于我们本身！我们是独特的——永远不要忘记这一点！

逐梦箴言

不如意事十之八九，身处逆境总是难免，此时就更需要我们对于自己的把握，我也会更渴望成功，反而更会保护成功的所得。请相信自己，这样你才能顺利通过天降大任之前的考验。

知识链接

医生如是说

每年体检，切记要关心你的甲状腺健康，最好验血检查你的甲状腺激素含量。如果甲状腺激素分泌不足，你会很容易出现抑郁情绪，体重也会增加。

我的未来不是梦

自信的基础

这是在博客上看到的一段文章,看了之后感慨万分。也借此将之作为这章的结尾。

去年的这个时候,住在乡下的母亲来电话说,胸闷,常常夜不能寐,我接母亲来市区看病。先去的是附近的一家医院,那天是星期天,值班的是个年轻的大夫,比我还年轻,简单地询问了一下病情,就说要住院,接着就要开住院单,我还没闹清怎么回事呢,怎么就要住院,是什么大病啊?我的心里有些惶恐,不知道是否该通知哥哥姐姐们。问医生,回答说是冠心病,要住院观察。语气不容置疑,我看了看那个留着黄绒绒小胡子的大夫,决定再找一家医院看看。

我带着母亲来到了市里最好的一院,值班的大夫是一位稳重的长者,详细地询问了病情,做了心电图,和另外的一位大夫商量了半天,让我领母亲去一楼的北京阜外医院来这里坐诊的心血管专家给看看。专家看了病历、心电图,询问了病情以后说,年龄大了,出现这种情况是正常的,吃点药就可以控制了,我问需要住院吗?回答说,不要。专家给开了两盒阿魏酸钠,我领着母亲回家了。

母亲吃了几天的药,病情明显好转,呼吸顺畅了许多,睡眠也恢复了正常。后来母亲回乡下的时候,我又给她买了几盒药带回去。到现在已经一年多,这期间母亲又来过几次,自己能步行去几里外的市集,身体很是健康。

前几天看电视,讲的是营救一个被巨石压住的民工的故事,由于长时间的失血,医生断定腿已被压断,如果不截肢将危及生命,在民工的坚决反对和武警的营救下,民工得以获救,他的腿经过简单的治疗,很快就恢复了健康。片中对民工的腿的康复用了"奇迹"两个字,我觉得那是记者的厚道,在给那个医生一个台阶下。可是,我们看到电视、报纸中有太多的医学奇迹,这样的例子不胜枚举,我不知道这么多奇迹是真的奇迹还是由于医生的误诊而人为制造的。

逐梦箴言

　　作为一个医者,任何武断的结论都是不负责任的表现。自信,在任何情况下,如果没有深厚的技艺做基础,都是一种犯罪!

◦ 智慧心语 ◦

自信是向成功迈出的第一步。

——爱因斯坦

先相信自己，然后别人才会相信你。

——罗曼·罗兰

能够使我漂浮于人生的泥沼中而不致陷污的，是我的信心。

——但丁

天生我材必有用。

——李白

第七章

技高一筹

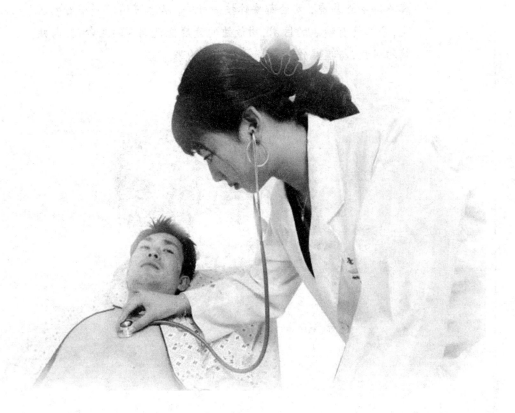

○导读○

　　人常说："没有金刚钻别揽瓷器活"，要想做一名好医生，就要时刻准备完善这个金刚钻，试想：没有高超医术的医生，如何能医治好病人，又如何能让病人及家属信任呢？作为一名医生，每一刀、每一针、每一个诊断和治疗，都关系到病人的生命和家庭幸福，容不得半点马虎，处处都要你技高一筹，从容不迫。一个好的医生，必须具有精湛的医术，用最快的速度挽救病人的生命，把与疾病的对抗，与疾病作战看成是最重要的事。

扁鹊"起死回生"

有一次,扁鹊路过虢国,见到那里的百姓都在进行祈福消灾的仪式,就问是谁病了,宫中术士说,太子死了已有半日了。扁鹊问明了详细情况,认为太子患的只是一种突然昏倒不省人事的"尸厥"症,鼻息微弱,像死去一样,便亲去察看诊治。他让弟子磨研针石,刺百会穴,又做了药力能入体五分的熨药,用八减方的药混合使用之后,太子竟然坐了起来,和常人无异。继续调补阴阳,两天以后,太子完全恢复了健康。从此,天下人传言扁鹊能"起死回生"。

病入膏肓

这里的膏肓是古以膏为心尖脂肪,肓为心脏与膈膜之间,膏肓之间是药力不到之处。意指病已危重到了无法救治的地步。亦喻事情到了无可挽回的地步。

春秋时期,晋景公有一次得了重病,听说秦国有一个医术很高明的医生,便专程派人去请来。

医生还没到。晋景公恍惚中做了个梦。梦见了两个小孩,正悄悄地在他身旁说话。

一个说:"那个高明的医生马上就要来了,我看我们这回难逃了,我们躲到什么地方去呢?"另一个小孩说道:"这没什么可怕的,我们躲到肓的上面,膏的下面,无论他怎样用药,都奈何我们不得。"

不一会儿,秦国的名医到了,立刻被请进了晋景公的卧室替晋景公治

病。诊断后，那医生对晋景公说："这病已没办法治了。疾病在肓之上，膏之下，用灸法攻治不行，扎针又达不到，吃汤药，其效力也达不到。这病是实在没法子治啦。"

晋景公听了，心想医生所说，果然验证了自己梦见的两个小孩的对话，便点了点头说："你的医术真高明啊！"说毕，叫人送了一份厚礼给医生，让他回秦国去了。

逐梦箴言

作为医生，你的医术高明与否决定你在这个行业的地位高低，没有任何花哨可言，只靠实力说话。

知识链接

正常心率：每分钟75次

健康成年人安静状态下，心率平均为每分钟75次。正常范围为每分钟60-100次。成人安静时心率超过100次/分钟，为心动过速；低于60次/分钟者，为心动过缓。心率可因年龄、性别及其他因素而变化，比如体温每升高1℃，心率可加快12-20次/分钟，女性心率比男性心率稍快，运动员的心率较慢，可低于每分钟60次。

华佗医病

东汉战乱时代,一日,名医华佗正走在大街上,被两名官府的衙役拦住去路,要他进衙门里走一趟,华佗奇怪,自己没犯事啊,怎么这二位要抓自己呢? 不得已华佗只好跟着这二位进到衙门里。刚进门,就听到里面有病人的痛苦叫声,华佗顿时放下心来,心想,大概是让我治病的。

果不其然,里面有二位爷已经被疼痛折磨的不成人样了,早已没了往日凶神恶煞的模样。华佗仔细看了看二人,发现二人虽同属于身热头痛,看似病情相似,但其中一位的病情属表征,可用发汗药治疗;而另一位则为里热征,得用泻下法进行治疗。

一番诊视后,华佗开下了两个方子。看到不一样的两个方子,旁边的人有些奇怪,其中的一个人还指着华佗恶狠狠地说:"你小心项上人头啊! 不给爷治好了,你走不出这衙门府!"华佗说:"你们尽管放心,服药之后,明早即可见效。"

果然,二人服药后均告痊愈。这一典故,说的就是华佗非常注重辨证施治,因人而异,对症下药。

善用心理疗法

某郡守患疑难症,百医无效,其子来请华佗,陈述病情,苦求救治。华佗来到病人居室,问讯中言语轻慢,态度狂傲,索酬甚巨,却不予治疗而去,还留书谩骂。郡守原已强忍再三,至此大怒,派人追杀,踪迹全无。愤怒之下,吐黑血数升,沉疴顿愈。原来这是华佗使用的一种心理疗法,利用喜、

怒、忧、思等情志活动调理机体,以愈其疾。

刮骨疗毒

三国初期的时候,有一次,关羽到樊城去攻打曹操,右臂被毒箭射中。后来,伤口渐渐肿大,十分疼痛,不能动弹。经有名医生多方诊治,始终无效。一天,关羽和他的部将正在发愁。忽然,部下前来报告,说医生华佗要晋见。关羽说:"请进帐来!"

华佗进来后,关羽说:"您如果能把我的右臂治好,我是感谢不尽的。"

华伦说;"我正是为治您的病才来的。办法倒是有,只是怕您忍受不了疼痛。"关羽听后笑了笑说:"我是一个久经沙场、出生入死的军人,千军万马尚且不怕,疼痛有什么了不起!"

华伦说:"那就好了。您中的箭是乌头毒箭,现在毒已入骨。我准备在房梁上钉上一个铁环,把您的右臂伸进铁环中去,再把您的眼睛蒙上,然后给您动手术。"关羽说:"不用什么铁环,你就给我治吧!"

翌日,关羽设宴犒劳华佗。饮宴完毕,关羽一边和谋士对弈,一边袒胸伸出右臂。华佗抽出消过毒的尖刀,割开关羽的胳膊,骨头已变成青色。他用刀"咔喳咔喳"地将骨头上的箭毒刮净,而后缝合复原,敷上药,包扎好。手术时,关羽疼痛难忍;手术后,关羽站起来对华佗说:"现在我的右臂不疼了,您真是妙手回春啊!"

甘陵国(这个甘陵就是今天山东的临清)国相的夫人怀孕六个月,突然感到腹痛,痛得非常难受,然后请华佗来治疗,华佗把了把脉,就说胎儿已经死了。然后,华佗找一个人,为这位夫人摸一摸腹部,看胎儿是在左边还是右边,而且华佗告诉这个人,如果在左边是个男胎,如果在右边是个女胎。结果这个人摸过以后,说在左边。华佗就准备了汤药,然后,让甘陵国相的夫人把药喝下去,喝下去以后,果然产下来一个胎儿,已经死了,是个男孩。这个男胎一产下来,甘陵国相夫人的腹痛立即就停止了。华佗能判断胎儿是活的还是死的,号脉就断定了。

前任的一位督邮,姓顿,这个顿先生得了病,好了以后请华佗为他再看一看。华佗为他把脉以后,告诉他,他的病虽然好了,但是身体还很虚弱,

在这个期间,千万记住,不能有夫妻生活,如果有的话,就会发生不测,死前他的舌头会伸出几寸长。结果他病好以后,这个消息就传到他妻子的耳朵里了,他的妻子跑了一百多里地来看他,当天晚上有了夫妻生活。三天以后,病发,死了。而且临死之前,舌头伸出来有几寸长。这是第二个医案。他料定这个人只要有性活动就一定会死亡。

广陵太守陈登是曹操非常信任的一个人,他得了一种怪病,这个病的症状是心烦、面红、吃不下饭,请华佗给他诊病。华佗号了脉以后就告诉他,说你的腹中有好几升虫。然后,就让他赶快吃药。结果华佗给他准备了两升药,喝下去以后,大概有一顿饭的工夫,他吐出来好几升虫,吐完以后,病好了。但是病好以后华佗告诉他,说你这个病三年以后还会复发,如果发作的时候遇到良医,还能救活,如果遇不到良医你就完了。三年以后,陈登的病果然复发,当时华佗不在,没人可治,陈登死了。这是华佗预知陈登三年以后疾病复发身亡

在盐渎县(就是今天江苏的盐城)有一位严先生,他和几个朋友一块儿去拜访华佗。等他们几个人进来以后,华佗就问严先生,是不是感到身体有点不舒服?严先生说没有啊,我很正常啊。华佗说,我根据你的面相来看,你得了急病,不要多喝酒,吃完饭赶快回家。结果,这位严先生吃完饭,坐了一会儿,和朋友一块儿坐车回家,在回家的路上发病了,然后从车上掉了下来,同行的人把他抱到车上送回家,当天晚上就死了。

有一个下级军官叫梅平,这个人因为有病被解除军职,梅平的家在广陵,离家还有两百多里地,他就找了一户人家投宿,而恰巧这天晚上华佗也来到这户农家投宿。主人就让华佗为梅平诊病,华佗号了脉以后就告诉他,太晚了,如果早叫我治,这个病不会发展到今天。华佗说你赶快回家和家人见面,五天以后,你就不行了。梅平听了以后,第二天就往家赶,赶到家里,五天以后,果然病故。

有一个督邮姓徐,他得了病,告诉华佗,他说我昨天找了一个医官,为我扎针,扎胃管,但是扎过以后咳嗽得非常厉害,咳嗽到晚上不能睡觉。然后华佗就说,他没有扎中你的胃管,他误伤了你的肝,这样一来,你的饭量

会一天天减少，而且五天以后就不行了。果然，到了五天，这个姓徐的督邮就病故了。

有一位姓李的将军，他的妻子得了重病，而且长期治不好，请华佗来给她看。华佗看了以后，把了把脉，就告诉李将军，你的妻子在怀孕的时候，胎儿受过伤，这个胎儿至今留在你妻子的腹中。李将军不信，他说，夫人确实是怀孕时候受过伤，但是，胎儿已经产下来了，不是留在腹中啊。华佗没说什么，就走了。华佗走后李将军妻子的病有所好转，但是过了一百多天，病又发作了，没办法，又请华佗来看。华佗把完脉以后还是那个话，他说，你妻子的腹中有胎儿，而且是个死胎。你妻子当年生的孩子是双胞胎，下了第一个孩子，因为出血多，而且母亲没有感觉到腹内还有一个胎儿，接生的人也不知道，所以就接生了一个，而把另一个胎儿留在肚子里了。这个胎儿已经死了，死的时间很长，死过的胎儿，贴在你夫人的脊椎骨上，所以你夫人的脊椎骨非常疼，所以现在赶快吃药、针灸，然后让这个胎儿产下来。当时就开了汤药叫她吃。吃了药，配合着针灸，停了一会儿，他的妻子就感到腹痛得非常厉害，就像要生孩子一样，然后华佗就告诉她，这个死胎时间过长，让她自己产下来是不行的，需要有人帮助把胎儿取出来，华佗就指挥别人把这个胎儿取出来。果然取出来一个死去的男胎，大概有一尺长左右，手脚都长全了，但是这个死胎是黑色的。这是一个治疗死胎的非常典型的医案。

史书上说有一个下级军官叫李成，他吐血吐得很厉害，咳嗽得昼夜不得安宁，然后就找华佗给他看病。华佗说，你虽然吐血，但你的病不在肺部，而是在你的肠子里面，你得了肠痈，我给你两钱散剂的药，你回去吃，一个月以后，就可以康复。但是你要记住，18年后还会复发，到18年后复发的时候，我再给你配一副药，你把它吃下去就能好，而且永不复发。李成听了以后很高兴，吃了药，好了。然后把另一副药当宝贝一样藏起来了，因为18年后还要复发。过了五六年，李成的一个亲戚和他得了同样的病，病得要死了，他知道李成藏有这个药，就对李成说，你看我要死了，你现在很健康，你还藏着一副救命药，你应当把它拿出来救我的命，救了我的命，你将来再

找华佗要,李成思想斗争很激烈,这个药是我留着18年后保命的药,我要给你我18年后没有了怎么办呢?但是他又不忍心看着自己的亲戚要死,最后没有办法,就咬了咬牙,给了亲戚。亲戚吃了这个药以后好了,但是李成没有药了,心里就虚了,他又赶快去找华佗,可是华佗已经被曹操抓到监狱里去了。李成不愿意在华佗危难的时候去打扰他,就没有再去要这个药。果然到了18年以后,李成的病复发了,由于他没有药,结果病死了。这个病很有特色,华佗诊断这个病的时候,他说,咳嗽吐血,一般人认为是肺部,但是华佗认为他的病是在肠子,是肠子有病,这就是中医一个很典型的特色。中医认为,人体的脏腑之间是互相影响的,一个脏器出现问题的时候,它会影响到另一个脏器,所以你吐血的时候,不是因为你的肺部有问题,而是你的肠子有问题,这就是中医认为的肺和大肠是互为表里的。

子病治母,就是孩子有病,母亲吃药。这个例子说的是在东阳(就是今天安徽的天长县)有一户人家两岁的小孩光拉肚子,吃完奶就拉肚子,久治不愈,怎么治都治不好,最后只好找到华佗了,华佗看了看情况以后,听了听,就说这个小孩不要吃药,把小孩的药停了,这个病根在他母亲身上。两岁的孩子,病根在他母亲身上,吃母亲的乳汁,而他母亲的乳汁有虚寒,有寒气,所以这个孩子吃了带有寒气的乳汁,他才拉肚子,所以不能给孩子治病,要治他妈的病,然后把这个药叫他娘吃,他娘吃了十剂药,然后小孩就不拉肚子了。

逐梦箴言

神医的称号就在一个又一个的医案里,最大秘诀还是高超的医术。

知识链接

正常体温:36.3℃—37.2℃**(口测法)**

临床上通常用口腔温度、直肠温度和腋窝温度来代表体温。口测法(舌下含5分钟)正常值为36.3℃—37.2℃;腋测法(腋下夹紧5分钟)为36℃—37℃;肛测法(表头涂润滑剂,插入肛门5分钟)为36.5℃—37.7℃。在一昼夜中,人体体温呈周期性波动,一般清晨2—6时最低,下午13—18时最高,但波动幅度一般不超过1℃。只要体温不超过37.3℃,就算正常。

关于医疗的几则故事

望诊如神

有一次张仲景到了繁华的都城洛阳一带行医。当时文学史上号称"建安七子"（孔融、陈琳、王粲、徐幹、阮瑀、应场、刘桢）之一的王粲（字仲宣），是"七子"中成就最高的作家、诗人。他和张仲景交往密切。

在接触中，张仲景凭自己多年的医疗经验，渐渐发现这位仅有二十几岁的作家隐藏着可怕的"疠疾"的病源。

有一天，他对王粲说："你已经患病了，应该及早治疗。如若不然，到了40岁，眉毛就会脱落。眉毛脱落后半年，就会死去，现在服五石汤，还可挽救。"可是王粲听了很不高兴，自认文雅、高贵，身体又没什么不舒服，便不听他的话，更不吃药。过了几天，张仲景又见到王粲，就问他："吃药没有？"王粲骗他说："已经吃了。"张仲景认真观察一下他的神色，摇摇头，严肃而又深情地对王粲说："你并没有吃药，你的神色跟往时一般。你为什么讳疾忌医，把自己的生命看得这样轻呢？"王粲始终不信张仲景的话，20年后眉毛果然慢慢地脱落，眉毛脱落后半年就死了。

医心为上

唐代甘伯宗《名医录》中载的故事《靖公巧使斩蛇丹》说：徐公有个女儿尚未出嫁，面黄肌瘦，好像痨病，连续求医治疗不见好转。听说靖公医术高明，就请来诊治。靖公诊完脉说："你的女儿是因思虑过度，气郁胸中所致。

你先介绍一下发病诱因,再治疗就不会出错了。"徐公告诉靖公,他女儿受惊,喊叫有蛇进入腹中。再细问原因,原来是徐公的女儿说做梦时梦见把蛇吞入腹中,因而渐成此疾。靖公告诉患者和她父亲:"有蛇进入腹中,用药泻下,病就可痊愈。我有'斩蛇丹',能使蛇随泻下排出,但必须让我在病人身旁守护一夜。"

夜间,徐公女儿吃了靖公的药,果然泻下一条死蛇来,病从此就好了。后来有好事者问靖公,靖公悄悄地告诉他:"此非真正的蛇病,其女因梦蛇而忧郁成疾,我是治其'意',针对她的心理而进行调治,并不是治什么蛇病。蛇也不是真正打下来的,只是给她吃了泻药,以解除她的思想顾虑而已。"

巧医公主

《名医录》中还记载了一则医案故事《笔头藏针》:李王的女儿咽喉处患有一痈,饮食不能下咽,就把医官招来。

医官说:"须用针刀割开才能溃破而愈。"公主听说要开刀,就大哭不让治。忽然来了一位民间医生说:"我不用针刺刀割,只在笔头上蘸点药放在疮上,眨眼之间就能溃破而愈。"公主听了很高兴,便让这位民间医生治疗。李王对医生说:"你如把病治好,我一定升你为医官,还酬谢三百吊钱。"这位民间医生刚上了两次药,喉痛即溃破,出脓一小杯,两天后公主的病就好了。

李王立即酬谢这位医生,提升他为翰林医官,并命令他把医方献出来。这位民间医生请罪说:"我是把针刀暗藏在笔头里面,轻轻地刺破喉痛,毒热才消散的……"

李王听了顿时恍然大悟,立即赦他无罪。

钱乙黄土治肾病

钱乙是宋代著名的儿科医生,他著有《小儿药证直诀》,人们尊称他为"儿科之圣"。

钱乙做过一段时间的翰林医官。一天,宋神宗的皇太子突然生病,请了不少名医诊治,毫无起色,病情越来越重,最后开始抽筋。皇帝见状十分

着急。

这时，有人向皇帝推荐钱乙。于是，钱乙被召进宫内。皇帝见他身材瘦小，貌不出众，有些小看他，但既然召来，只好让他为儿子诊病。钱乙从容不迫地诊视一番，要过纸笔，写了一贴"黄土汤"的药方。

心存疑虑的宋神宗接过处方一看，见上面有一味药竟是黄土，不禁勃然大怒道："你真放肆！难道黄土也能入药吗？"

钱乙胸有成竹地回答说："据我判断，太子的病在肾，肾属北方之水，按中医五行原理，土能克水，所以此症当用黄土。"

宋种宗见他说得头头是道，心中的疑虑已去几分。正好这时太子又开始抽筋，皇后在一旁催促道："钱乙在京城里颇有名气，他的诊断很准确，皇上勿虑。"于是，皇帝命人从灶中取出一块焙烧过很久的黄土，用布包上放入药中一起煎汁。太子服下一贴后，抽筋便很快止住。用完两剂，病竟痊愈如初。

这时，宋神宗才真正信服钱乙的医术，把他从翰林医官提升为有很高荣誉的太医丞。

逐梦箴言

医术的高明，在于积累，有时却也有一点随机应变的小智慧。每个医生碰到的病人都是千差万别的，因人施治，也是高超医术的一种表现方式。

血红蛋白（HbB）：成年男性（120—160克/升），成年女性（110—150克/升）

临床上以血红蛋白值佐为判断贫血的依据。正常成人血红蛋白值90—110克/升属轻度贫血；60—90克/升属中度贫血；30—60克/升属重度贫血。贫血原因或类型不同，治疗方法迥异。一旦发现贫血，应去医院就诊，在明确了贫血原因（原发性还是继发性）和类型（缺铁性还是巨幼细胞性）之后，再行针对性治疗。切莫自行购买补血保健品，以免延误病情。

张子和巧法治惊症

张子和是金元时期的著名医家，他善用攻法治病，人们常称他为"攻下派"。然而，他还是心理疗法的一代大师。

有个叫卫德新的人，其妻在一次旅途宿店时，当晚碰上一群强盗抢劫，吓得她从床上跌到地上。此后，凡听到些许声响，她便会昏倒在地，不省人事。诸医用药治疗，病逾一年而不见好转。

张子和经过细心观察、分析，认为属胆气伤败，应采取心理疗法。他让两名侍女抓住病妇的两只手，将她按坐在高椅上，然后在她的面前放一张小茶几，张子和指着茶几说道："请娘子看这里！"话音未落，"砰"地一声，他用棍使劲打在茶几上。病妇见状大惊，张子和说："我用棍子打茶几，你怕什么呢？"待她心神稍定，张子和又敲打小茶几，这回她果然不那么惊怕。张子和重复以上动作，并用手杖敲门，暗中让人划病妇背后的窗户纸。病妇渐渐惊定，笑问道："你这算什么治法呀！"张子和回答说："《内经》说：'惊者平之'。平，即平常的意思，见惯自然不惊。对受惊者，治疗时要设法让他对受惊的诱因感到习惯，觉得跟平常一样。"这一番解释，说得病人点头称是，当晚，张子和又派人敲打病人的门窗，通宵达旦地折腾她。

从这以后，病人即使听见雷响也不再惧怕了。

李东垣苦思出奇方

在金元四大家中，与张子和攻邪学说针锋相对的是李东垣，他主张使用温补脾胃之法治疗各种疾病，后人称他为"补土派"。

李东垣的可贵之处，在于他能联系实际研读经典著作，常能提出一些与他医不同的治法，挽救行将垂绝的病人。

一次，汴京酒官王善浦患小便不利，症见眼珠突出，腹胀如鼓，膝以上坚硬欲裂，饮食几废，生命危在旦夕。请来的医生，都给他服甘淡渗泄的利尿药物，均无效益。

眼看病情越来越重，病家慕名请李东垣诊治，李东垣仔细检查后说：这个病太复杂，按一般常法不能奏效，须得精思熟虑，让我回家想想吧。病家见他说得在理，也就同意了。

李东垣回家后，联系病人的症状，默诵《内经》，苦苦冥思，未得其解。夜已很深，他干脆和衣而卧。半夜，他忽然掀被跃起，连声说道：有办法了！

《素问·灵兰秘典论》说："膀胱者，州都之官，津液藏焉，气化则能出矣。"李东垣想：病人小便出不来，是气化不利的缘故。前面的医生用淡渗的阳药本能促气化，为什么不奏效呢？王冰在注释《内经》时说："无阳者，阴无以生；无阴者，阳无以化。"气化过程靠阴精和阳气共同作用完成，甘淡渗泄药虽能化阳，但病人病久伤阴，有阳无阴，所以气化仍不能正常进行。

第二天一早，他满怀信心地来到病人家，开出"群阴之剂"。病人服后，疾病果然慢慢康复了。

生生子

孙一奎是明代著名医家，号"生生子"。他一生治愈不少疑难重症，深受群众的爱戴。

明末年间，在孙一奎行医的一带有户贫苦农民，其妻产后失养，患上"子宫下垂"病症。她坐不成，睡不适，痛苦异常。邻居们非常同情她。一

天，大家为她请来一个所谓的女科医生。这医生简单地看了看，开口说："你这病治起来并不难，不过，要吃一百帖'补中益气汤'，每贴需人参三钱，服满二斤，病才会痊愈。"农民一听，面露难色，说："我家日无隔宿之粮，夜无御寒之被，哪有钱吃人参啊！只好听天由命了。"病妇也淌下辛酸的眼泪。

名医孙一奎凑巧从这里路过，他十分同情这位妇女，径直到了病人家——那时请一位医生的出诊费高得吓人。孙一奎仔细地检查病人后，转身批评那位女科医生："你怎么可以强人所难呢。病人明明穷得连锅都揭不开，哪有钱吃二斤人参？医生应该首先替病人着想。再说，这位妇人的病并不是气虚引起，你为何开出百贴人参处方，难道你认为处方昂贵就能显示出医生的本事么！"他越说越气愤，那人灰溜溜地走了。孙一奎对农民说："我有一个单方，用不了多少钱，三五天后就能见效，不妨试试。"

病家久仰孙一奎的大名，现在见他主动上门治病，分文不取，乃破涕为笑，忙请孙一奎开处方。孙一奎让农民从地里割来二斤韭菜。煎取浓汁倒入盆中，再搞来一块二斤重的生石灰，投入盆中，待石灰溶解时发出的"咝咝"声刚过，便滤去灰渣，让病妇乘热坐到盆上，先熏后洗，并用韭菜揉搓患部。坚持三日，农妇的病便慢慢好起来。

乡里人得知农妇恢复得这么快，都非常佩服孙一奎的高明医术和高尚的医德，并把治愈那位病妇的处方叫作"赛百贴人参汤"。

叶天士摸脚治红眼

清代名医叶天士治病颇有高招。

一次，他遇上一位两眼通红的病人，病人眼眵堆满眼角，眼泪直往下淌，不断地用手去揩，显露出十分忧虑的神情。

叶天士见状，详细地询问病情，然后郑重地告诉病人说："依我看，你的眼病并不要紧，只需吃上几贴药便会痊愈。严重的是你的两只脚底七天后会长出恶疮，那倒是一个麻烦事儿，弄不好有生命危险！"

病人一听，大惊失色，赶忙说："好医生，既然红眼病不关紧要，我也没心思去治它了。请你快告诉我有什么办法渡过这个难关？"

叶天士思索良久，正色说道："办法倒有一个，就怕你不能坚持。"病人拍着胸脯保证。于是叶天士向他介绍了一个奇特的治疗方案：每天用左手摸右脚底360次，再用右手摸左脚底360次，一次不少。如此坚持方能渡过难关。

病人半信半疑，但想到这是名医的治法，便老老实实地照着做，七天后果然脚底没长出毒疮。更令他惊异的是：红眼病竟不知不觉地痊愈了。他高兴地向叶天士道谢，叶天士哈哈大笑，向他和盘托出，说道："实话告诉你吧，脚底长毒疮是假的，我见你忧心忡忡，老是惦记着眼病，而你的眼疾恰恰与精神因素的关系很大，于是我想出这个办法，将你的注意力分散、转移到别处。除掉心病，眼疾便慢慢好了。"

病人听完，惊奇不已，连声赞叹叶天士医术高明。

逐梦箴言

伟大职业，在于你可以想尽各种办法，彰显你的不凡之处，过程很重要，然而没说必须要经过什么相同的过程才能必然达成相同的结果，所以，只要到了罗马，登了珠穆朗玛，看出你睥睨全行业的实力就是最高的目标。

程钟龄施计治足痿

程钟龄是清代著名医家，他临床经验丰富，别人久治不愈的疾病，经他治疗常能奇迹般地康复，名噪康熙雍正年间。

有一富翁，身患足痿，欲行必以手持物方可缓慢移步，服过许多药皆无效。他久慕程钟龄的大名，让人抬了去求治。

程钟龄见他六脉调和，得知病人遍服中药无效，断定这是心病，非药物所能治，决定施计治疗。他替病人收拾了一间房子，安顿病人住下。

程钟龄预先在病人住的房间里摆上许多古玩,并特意在病人坐凳旁放置一瓷瓶。他向病人介绍说:"这是我的古董收藏室,所藏之物皆属珍品。"他一一告诉病人它们的价值。最后,他指着瓷瓶说:"这是我的传世之宝,十分稀罕,千金难求。"实际上,包括瓷瓶在内的所有东西都是赝品,只是病人属于外行,被蒙在鼓里罢了。

病人在屋里闷坐了两天,见程钟龄既不处方,也不嘘寒问暖,甚至回避见他,憋得心慌。第三天,他决定出去走走。因离开重物难以迈步,他只好就近抱着瓷瓶小心翼翼地起身。

岂知程钟龄在旁边窥视已久,待病人举步欲走时,程钟龄突然出现,猛喝道:"你好大的胆!竟敢偷走我家的宝瓶!"病人一惊,手一软,"当"的一声,瓷瓶从手中滑落到地上,摔得粉碎。这下病人大惊失色,垂手痴立在那里。

程钟龄见病人不靠支持物已能站立,心里十分高兴,暗自思忖:这病已去几分,应该趁热打铁。于是,他上前握住病人的手说:"你别害怕,跟我来!"那人竟跟在程钟龄身后走出屋外,他举步平稳,行走如常,多年顽疾,一下子就治好了。

程钟龄这才告诉病人,他摔碎的东西并不是什么稀世之宝,是为了解除心理上压力、转移注意力而设的计谋。病人恍然大悟,连声赞扬程钟龄的高明医术。

长白名医乔淑萍

通化市人民医院儿科主任、主任医师,吉林省儿科专业委员会常务委员,通化市儿科专业委员会主任委员 。这些名号都属于一个人,乔淑萍,同时她也是一位脑瘫残疾儿的母亲,一位中晚期的癌症患者。

她追求医学领域最先进的技术,为的是给患者提供最优质的医疗服务。从参加工作那天起,乔淑萍就把掌握医学领域最前沿的技术作为自己的职业追求。她常说,医生手上攥的是一个个鲜活的小生命,我们的医疗水平高一些,患者的痛苦就少一些,看病的钱就可以节省一些。22年来,乔淑萍就像一个冲刺山峰的攀登者,全力拼搏。她虚心向前辈学习,不断

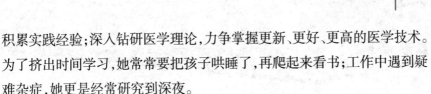

积累实践经验;深入钻研医学理论,力争掌握更新、更好、更高的医学技术。为了挤出时间学习,她常常要把孩子哄睡了,再爬起来看书;工作中遇到疑难杂症,她更是经常研究到深夜。

为了拓宽自己的视野,她把儿子托付给家人,坚持外出学习进修。她还特别留心对一些特殊病例进行跟踪观察,积累经验,写下体会。多年来,她坚持自费订阅各种医学杂志和购买相关书籍,是医院订阅医学杂志最多、记读书笔记最多的医生;她刻苦钻研医学理论,结合临床实践,在国家和省级医学杂志发表了 20 多篇医学论文;她注重引用新的诊疗理论和技术,使通化市儿科疾病治疗和保健水平与省级医院同步,有些治疗技术与国际接轨。

医疗技术水平的不断提高,使乔淑萍能在最短时间内对患儿病情做出准确判断,能在患儿病情最危急时刻提出最科学有效的治疗方法。一个处于深度昏迷的 12 岁患儿,入院之前被其他医院诊断为暴发性心肌炎,乔淑萍看了症状,判断是酮症酸中毒,提出马上检测血糖、尿糖。这种疾病在儿科并不多见,化验结果证实乔淑萍的判断完全正确。

还有一个出生仅 28 天的孩子,在一家医院被诊断为脑出血,医生以败血症向患儿家长下达了病危通知。经过乔淑萍的诊断,认为患儿不具备脑出血的症状,判断孩子全身浮肿是因为短时间内输液过多造成的,建议停止输液,第二天早上,患儿病情明显好转,4 天后康复出院。

逐梦箴言

上天赐予你的天赋必要善加使用,看到自己最独特之处,然后加以发挥,不仅自己会得到成就的喜悦,也达到上天"派遣"你服务人群的目的了。

我的未来不是梦

知识链接

体重指数（BMI）=体重（千克）/身高（米）的平方：

18.5—23.9 属正常，如果体重指数超过 24，说明已经偏胖，需要减肥了。记住：肥胖是百病之源，如果听之任之，糖尿病、高血压、冠心病都会找上你。

力救中医

1925 年，孙中山在京卧病，施今墨应邀参加会诊，提出中肯建议。1930 年，出诊西安，为杨虎城将军诊治，药到病除，载誉而归。

1935 年国民党政府颁布中医条例，规定了考核办法及立案手续。北京第一次考核时，当局挑选医术精湛、民众信誉好的医生负责，施今墨和肖龙友、孔伯华、汪逢春被举为主考官，负责出试题及阅卷，嗣后即有"北京四大名医"之说。

1928 年南京国民政府扬言要取消中医。

1929 年余云岫首先发难，提出取消中医议案，南京国民政府拟正式决议。中医生存，岌岌可危。消息传出，举国大哗。施今墨奔走南北，团结同业，成立中医工会，组织华北中医请愿团，数次赴南京请愿，以求力挽狂澜。当时国民党少壮派汪精卫只相信西医，又主持行政院工作，大有非取消中医不可之势。适值汪精卫的岳母患痢，遍请西医，未见少效，行将不起。有人建议请施今墨诊治，汪精卫无奈，同意试试。施今墨凭脉，每言必中，使汪精卫的岳母心服口服，频频点头称是。处方时施今墨说："安心服药，一诊可愈，不必复诊。"病危至此，一诊可愈？众人皆疑。据此处方仅服数剂，果如施今墨所言。

汪精卫这才相信中医之神验，题字送匾《美意延年》（庄子语），自此再不提取消中医之辞了。

后来在全国舆论压力下,国民政府只得收回成命,批准成立中央国医馆,任命施今墨为副馆长。中医终于以妙手回春的疗效,赢得了生存的权利。

逐梦箴言

救中医于倾覆,何也?妙手回春的医术而已。不管哪门哪派,只要是医生,你的实力全部体现在你医治的病人身上!

● 智慧心语 ●

先投入战斗,然后再见分晓。

——拿破仑

有所作为是"生活中的最高境界"。

——恩格斯

谁若游戏人生,他就一事无成;谁不主宰自己,永远是一个奴隶。

——歌德

第八章

维新进取

○导读○

　　就目前人类理性认知来说，没有哪个学科能说我已走到巅峰与尽头，皆是前路漫漫、任重而道远，医学同样是一门不断发展的科学。医学知识日新月异，有很多的未知领域等待一代又一代的年轻医者们去探索，有许多的疑难杂症等待医者的疗治，作为医生，尤其是新时代的医生，不能却步不前，已经走上这条救死扶伤的医道之路，医者们唯有不畏困境，不畏权威，不畏成法，维新进取，如此，才能描绘出更加辉煌的医学画卷，才能创造出愈加震撼的医学奇迹，才能在人类征服疾病的历史上写下厚重的一笔……

■ 维新何在

有一个笑话说，一辆满载乘客的公共汽车沿着下坡路快速前进着，有一个人在后面紧紧地追赶着这辆车子。一个乘客从车窗中伸出头来对追车子的人说："老兄！算啦，你追不上的！""我必须追上它，"这人气喘吁吁地说："我是这辆车的司机！"

事实上这正如你作为医生伊始，你便必须非常努力认真，你必须不断在追赶，因为不这样的话，不理想的后果是可以想见的！然而也正因为你必须全力以赴，你潜在的本能和不为人知的特质终将充分展现出来，也许你就成为改写医学历史的人物。

同样也听过这样一个故事，一位著名的诗人最近思路打不开，怎么也冲不出思想的牢笼，于是想到外面寻找灵感。这一天，他到乡间野外散步，阳光下，忽然远远看见一块牌子掩映在树林里，上书四个大字特别醒目"阳光不锈"，诗人当场呆住，心想，这是多么有寓意的词语，绝对不是一般人能够想到的。于是，他非常想拜访一下书写这个精辟之极的词语的高人。等他走近这块牌子，发现被树丛挡住的那部分牌子写着"钢制品厂"。

任何一个行业的创新的最初，在别人眼里都像是笑话一样，你不能察觉，或者有意识地过滤掉它，你的灵感的火花已在蓬勃绽放，在科学的前提下，大胆假设，小心求证，新的天地，新的发现，也许已近在咫尺。

知识链接

每天饮水 1500 毫升以上

饮水量包括每天摄入的茶水、汤、水果等食物的总含水量。饮水的方式很有讲究，口不渴也要饮水，不要一次大量饮水，应饮白开水或清茶，不要用含糖饮料代替水等。

■ 扁鹊和牛黄

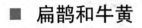

据说有一天,扁鹊正从药罐中取出炮制好的青礞石,准备为一位名叫阳文的邻居治疗中风偏瘫。这时,门外传来一阵喧闹声,扁鹊一打听,原来是阳文家养的一头十几年的老黄牛,不知何故,近来日见消瘦,以致不能耕作,阳文的儿子阳宝一看牛没用了,就请人把牛宰了。

谁知剖开牛肚子,发现牛胆里有块石头,大家都不知怎么回事。扁鹊得知后,对此颇感兴趣,就让阳宝把石头留下,准备进一步研究。阳宝就把石头拿给扁鹊,扁鹊接过来,随手把石头和桌上的青礞石放在了一起。

正在这时,阳文的病又发作起来,阳宝请扁鹊过去看看,扁鹊赶到,只见阳文双眼上翻,肢冷气急,十分危急。他一边扎针一边叮嘱阳宝:"快!去我家把桌上的青礞石拿来!"阳宝气喘吁吁地拿来药,扁鹊也未细察,很快研为细末,给阳文灌下。不一会儿,病人停止了抽搐,气息平稳。待扁鹊回到自己的屋里,发现青礞石还在桌上,而牛结石不见了,忙问家人:"何人动了牛结石?"家人回答:"刚才阳宝取过!"

这个偶然的差错却给扁鹊带来了深思:"难道牛的结石也有祛痰定惊的作用?"于是,第二天他有意识地将阳文药里的青礞石改换为牛结石使用。三天后,阳文竟奇迹般地痊愈。喜得阳文连声称谢。扁鹊说:"不用谢我,还得谢谢你家公子呢。"于是将阳宝错拿牛结石代青礞石的经过讲了一遍,并说:"此石久浸于胆汁中,苦凉入心肝,能清心开窍,镇肝熄风。"阳文问道:"这药叫什么名字呢?"扁鹊思索片刻:"此结石生在牛身上,凝于肝

胆而成黄,可称它为'牛黄'。"然后又说:"牛黄有此神效,堪称一宝,牛属丑,再给它取个别名,叫'丑宝'吧。"

逐梦箴言

　　有时总是在不经意间才有新的发现,不过天才和庸才的区别也正在于此,天才借此为自己生前身后添上浓墨重彩的一笔,庸才却如看见浮云一般,过而既忘,浑然不觉。

扁鹊

■ 张仲景蜂蜜治便秘

　　张仲景年少时随同乡张伯祖学医,由于他聪颖博达,旁学杂收,长进很快。

　　一天,送来一位唇焦口燥、高热不退,精神萎靡的病人。老师张伯祖诊断后认为属于"热邪伤津,体虚便秘"所致,需用泻药帮助病人解出干结的大便,但病人体质极虚,用强烈的泻药病人身体受不了。张伯祖沉思半响,一时竟没了主张。

　　张仲景站在一旁,见老师束手无策,便开动脑筋思考。忽然,他眉宇间闪现出一种刚毅自信的神情,他疾步上前对老师说:"学生有一法子!"他详细地谈了自己的想法,张伯祖听着听着,紧锁的眉头渐渐舒展开来。

　　张仲景取来一勺黄橙橙的蜂蜜,放进一只铜碗,就着微火煎熬,并不断地用竹筷搅动,渐渐地把蜂蜜熬成黏稠的团块。待其稍冷,张仲景便把它捏成一头稍尖的细条形状,然后将尖头朝前轻轻地塞进病人的肛门。一会儿,病人便出一大堆腥臭的粪便,病情顿时好了一大半。由于热邪随粪便排净,病人不几天便康复了。张伯祖对这种治法大加赞赏,逢人便夸。这实际上是世界上最早使用的药物灌肠法。

　　以后,张仲景在总结自己治疗经验,著述《伤寒杂病伦》时,将这个治法收入书中,取名叫"蜜煎导方",用来治疗伤寒病津液亏耗过甚,大便硬结难解的病症,备受后世推崇。

在学识广博的基础上,你才能有新的突破,医学之道,没有稳固的基础难以筑起真正的高楼大厦,张仲景的"新法子"是建立在他"所学甚杂"上啊。

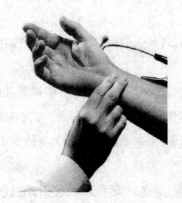

华佗的维新

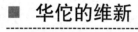

　　利用某些具有麻醉性能的药品作为麻醉剂,在华佗之前就有人使用。不过,他们或者用于战争,或者用于暗杀,或者用于执弄,真正用于动手术治病的却没有。华佗总结了这方面的经验,又观察了人醉酒时的沉睡状态,发明了酒服麻沸散的麻醉术,正式用于医学,从而大大提高了外科手术的技术和疗效,并扩大了手术治疗的范围。据日本外科学家华冈青州的考证,麻沸散的组成是曼陀罗花一升,生草乌、全当归、香白芷、川芎各四钱,炒南星一钱。自从有了麻醉法,华佗的外科手术更加高明,治好的病人也更多。他治病碰到那些用针灸、汤药不能治愈的腹疾病,就叫病人先用酒冲服麻沸散,等到病人麻醉后没有什么知觉了,就施以外科手,剖破腹背,割掉发病的部位。如果病在肠胃,就割开洗涤,然后加以缝合,敷上药膏。四五天伤口愈合,一个月左右,病就全好。华佗在当时已能做肿瘤摘除和胃肠缝合一类的外科手术。一次,有个推车的病人,曲着脚,大喊肚子痛。不久,气息微弱,喊痛的声音也渐渐小了。华佗切他的脉,按他的肚子,断定病人患的是肠臃。因病势凶险,华佗立即给病人用酒冲服"麻沸散",待麻醉后,又给他开了刀。这个病人经过治疗,一个月左右病就好了。他的外科手术,得到历代的推崇。明代陈嘉谟的《本草蒙筌》引用《历代名医图赞》中的一诗作了概括:"魏有华佗,设立疮科,剔骨疗疾,神效良多"。可见,后世尊华佗为"外科鼻祖"是名副其实的。

　　"五禽之戏",是一套使全身肌肉和关节都能得到舒展的医疗体操。动

我的未来不是梦

作是模仿虎的扑动前肢、鹿的伸转头颈、熊的伏倒站起、猿的脚尖纵跳、鸟的展翅飞翔等。相传华佗在许昌（县名，在河南省）时，天天指导许多瘦弱的人在旷地上做这个体操。说："大家可以经常运动，用以除疾，兼利腿脚，以当导引。体有不快，起做一禽之戏，怡而汗出，身体则轻便而欲食。"

华佗

华佗巧用绿苔治蜂毒

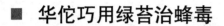

　　一次华佗行医途中，看到一位大姐伏在路旁痛哭，以为她病了，急忙上前，一看方知为马蜂所蜇。可是药箱里没有治疗马蜂毒的药，怎么办呢？他想了一想，马上叫徒弟吴普到茅房后边阴暗的地方寻了些绿苔。华佗很快把绿苔揉碎，敷在那位妇女脸上。一敷上，她就说感到阴凉，不痛了。几天后那妇女的脸就好了。回去后吴普不明白为什么绿苔能治蜂毒，于是华佗就给他讲了发现绿苔能治蜂毒的理由。

　　有一年夏天，华佗在屋巷口纳凉，看到蜘蛛在巷口结网，忽然空中飞来一只大马蜂，落在蜘蛛网上。蜘蛛爬过来，伏在马蜂身上，想吃马蜂肉，被马蜂蜇了一下，蜘蛛缩成一团，肚皮肿了起来。后来，蜘蛛从网上掉下来，落在绿苔上打了几个滚，把肚皮在绿苔上擦了几下，肚皮就消肿了。它重新爬上网去吃马蜂，又被马蜂蜇了一下，蜘蛛又跌下来爬在绿苔上面滚了几下，擦了几擦，再爬上网跟马蜂斗。这样上下往返了三四次，后来终于把马蜂吃掉了。华佗就想马蜂毒属火，绿苔属水，水能克火，所以绿苔能治蜂毒。于是据此推想出了用绿苔治蜂毒的验方。

■ 华佗三试青蒿草

中药青蒿治疗疟疾不引发抗药性的功用被现代科学家发现而被视为救治疟疾患者的灵丹妙药。世界卫生组织国际发展部的发言人声称："它是未来治疗疟疾的一线希望所在。"

青蒿治疗疟疾的功能在西汉马王堆墓（公元前206—23）出土的丝片里已有记载："青蒿治疟"；葛洪《肘后备急方》（281—340）中，提到了六种疟：疟疾、老疟、温疟、瘴疟、劳疟、疟兼痢，并且提出治疗方法，其中提到了用青蒿抗疟的方法："青蒿一握，以水二升渍，绞取汁，尽服之"；李时珍在《本草纲目》（1596）中记载了青蒿治疟的配方。青蒿性寒，味苦、辛。清热解暑，除蒸，截疟。

早在三国时代就有了关于华佗用青蒿治疗疟疾的传说：华佗给一黄痨病人治病，苦无良药，无法治愈。过了一段时间，华佗发现病人突然好了，急忙问他吃了什么药？他说吃了一种绿茵茵的野草。华佗一看是青蒿，便到地里采集了一些，给其他黄痨病人试服，但试了几次，均无效果。华佗又去问已痊愈的病人吃的是几月的蒿子，他说三月里的。华佗醒悟到，春三月阳气上升，百草发芽，也许三月蒿子有药力。第二年春天，华佗又采集了许多三月间的青蒿，给黄痨病人们服用，果然吃一个好一个，但过了三月青蒿却又没有功效了。为摸清青蒿的药性，第三年，华佗又把根、茎、叶进行分类试验。临床实践证明，只有幼嫩的茎叶可以入药治病，并取名"茵陈"。这就是"华佗三试青蒿草"的传说。他还编歌供后人借鉴："三月茵陈四月

蒿,传于后人切记牢。三月茵陈治黄痨,四月青蒿当柴烧。"

逐梦箴言

华佗的高明之处,就是能批判地继承前人的学术成果,在总结前人经验的基础上,创立新的学说。中国的医学到了春秋时代已经有辉煌的成就,而扁鹊对于生理病理的阐发可谓集其大成。华佗的学问有可能从扁鹊的学说发展而来。同时,华佗对同时代的张仲景学说也有深入的研究。他读到张仲景著的《伤寒论》第十卷时,高兴地说,"此真活人书也",可见张仲景学说对华佗的影响很大。华佗循着前人开辟的途径,脚踏实地开创新的天地。

知识链接

乳牙萌出

6个月时,第一颗乳牙萌出。小儿出牙一般为6—7个月,可有早于4个月,最迟不要超过10个月。乳牙共20颗,最晚于2岁半出齐,恒牙于6岁时开始长出。11月大的孩子未出牙,或者2岁半以上孩子牙未出齐皆属异常,应查明原因。克汀病、佝偻病、营养不良患儿出牙较晚。

我的未来不是梦

■ 孙思邈的创新与突破

　　孙思邈是世界上导尿术的发明者。据记载：有一个病人得了尿潴留病，撒不出尿来。孙思邈看到病人憋得难受的样子，他想："吃药来不及了。如果想办法用根管子插进尿道，尿或许会流出来。"他看见邻居的孩子拿一根葱管在吹着玩儿，葱管尖尖的，又细又软，孙思邈决定用葱管来试一试，于是他挑选出一根适宜的葱管，在火上轻轻烧了烧，切去尖的一头，然后小心翼翼地插进病人的尿道里，再用力一吸，不一会儿尿果然顺着葱管流了出来。病人的小肚子慢慢瘪了下去，病也就好了。

　　孙思邈医术高明的声誉传遍都城长安，隋文帝请他出任"国子博士"，这是主管教育行政及给王侯公卿的子弟教书的官职，孙思邈不慕高官厚禄，假托有病谢绝，继续隐居埋名，钻研医学，为山区人民解除疾病的痛苦。久住山区的人很容易得大脖子病，脖子前面长出一个大瘤子来。孙思邈想：人们常说，吃心补心，吃肝补肝。能不能用羊靥治疗大脖子病呢？他试治了几个病人，果然都治好了。一天，一个患腿疼的病人来就诊，孙思邈便给他针灸。他按照医书上的穴位，扎了几针，都未能止疼。他想，难道除了古人发现的365个穴位之外，再没有别的穴位了吗？他仔细认真地寻找新的穴位，一面用大拇指轻轻按掐，一面问病人按掐的部位是不是疼，病人一直摇头。最后，当孙思邈的手指按掐住一点时，病人立即感到腿疼的症状减轻了好多。孙思邈就在这一点扎了一针，病人的腿立刻不痛了。这种随疼点而定的穴位，叫做"阿是穴"，又名天应穴、不定穴。这是孙思邈对我国

针灸学的一大贡献。

孙思邈对医术精益求精,而且在医疗实践中不断创新,发现了一些新的疾病,创造出一些新的治疗方法。世界上第一个眼科疾病夜盲症的发现者是孙思邈,找到治疗方法的还是孙思邈。这在世界医学史上是一个重要发现和突破。那时,山区的老百姓中,有的人白天视力正常,一到了晚上就什么也看不见了,感到奇怪,便找到孙思邈诊治。孙思邈经调查发现,患这种病的都是穷苦人家,他看到穷苦百姓劳苦终日,得不到温饱,更缺乏营养食品。他想到医书中有"肝开窍于目"的说法,又想到五台山区的飞禽和野羊、野猪很多,便让夜盲症病人吃捕获动物的肝脏。病人吃上一段时间,夜盲症便慢慢地好转了。

同时,在当地有几家富人找他看病,他看到病人身上发肿,肌肉疼痛,浑身没劲,孙思邈诊断为脚气病。他想:"为啥穷人得的是夜盲症,富人得的是脚气病呢?这很可能也和饮食有关系。"他比较了穷人和富人的饮食,富人多吃精米白面,鱼虾蛋肉,而穷人多吃五谷杂粮,他仔细一分析,粗粮内夹杂着不少米糠麸子,精米白面把这类东西全去掉了。他估计脚气病很可能是缺少米糠和麸子这些物质引起的。

于是他试着用米糠和麦麸来治疗脚气病,果然很是灵验,不到半年,周围几家富人的脚气病都陆续治好了。后来,他还发现用杏仁、吴茱萸等几味中药也能治好脚气病。

逐梦箴言

其实我们可以训练自己对未来维持一个"狩猎"姿势:看准目标,不断进取。

杏林仁者

新生儿身长:足月的约 50 厘米

小儿出生后第一年身高增长最快,全年约增长 25 厘米。1 岁以后增长速度减慢,全年约增长 10 厘米。2 岁以后增长更慢,平均每年增长 5 厘米。2—3 岁小儿身高计算公式:身高=年龄×6+77 厘米。如果 2 岁孩子的身高在一年里几乎没怎么增加,应提高警惕,尽快带孩子去医院检查,排除生长激素分泌不足、甲状腺功能低下等问题。

李时珍的探索与发现

　　有人说，北方有一种药物，名叫曼陀罗花，吃了以后会使人手舞足蹈，严重的还会麻醉。李时珍为了寻找曼陀罗花，离开了家乡，来到北方。终于发现了独茎直上高有四五尺，叶像茄子叶，花像牵牛花，早开夜合的曼陀罗花，他又为了掌握曼陀罗花的性能，亲自尝试"乃验也"，并记下了"割疮灸火，宜先服此，则不觉苦也"。据现代药理分析，曼陀罗花含有东莨菪碱，对中枢神经有兴奋大脑和延髓作用，对末梢有对抗或麻痹副交感神经作用。

　　李时珍在做曼陀罗花毒性试验时，联想到本草书上关于大豆有解百药毒的记载，也进行了多次试验，证实了单独使用大豆是不可能起解毒作用的，如果再加上一味甘草，就有良好的效果，并说："如此之事，不可不知。"

　　李时珍利用太医院良好的学习环境，不但阅读了大量医书，而且对经史百家、方志类书、稗官野史，也都广泛参考。同时仔细观察了国外进口的以及国内贵重药材，对它们的形态、特性、产地都一一加以记录。过了一年左右，为了修改本草书，他再也不愿耽下去了，借故辞职。在回家的路上，一天，李时珍投宿在一个驿站，遇见几个替官府赶车的马夫，围着一个小锅，煮着连根带叶的野草，李时珍上前询问，马夫告诉说："我们赶车人，整年累月地在外奔跑，损伤筋骨是常有之事，如将这药草煮汤喝了，就能舒筋活血。"这药草原名叫"鼓子花"，又叫"旋花"，李时珍将马夫介绍的经验记录了下来。写道：旋花有"益气续筋"之用。此事使李时珍意识到修改本草书要到实践中去，才能有所发现。

　　李时珍是明代一个出色的医学家。他每天替乡民治病，累积了丰富的医学经验。他空闲时常常研读各种医药书，充实自己的医药知识。但他发现，药书中有很多错误的地方。有些药书把一些药物的名称、性质和功效等数据，写得含糊不清，十分混乱。有一本药书更把一种毒药误写成补药，结果医生开给人吃，医死了人。于是，李时珍便立下雄心壮志，决定要重新编写药书，纠正那些错误、混乱的数据，补充新的知识。他把修书的决定告诉父亲。父亲非常支持，说："这是一件十分有意义的事。但修书的工作非常艰巨，你要有不屈不挠的毅力和准备花上毕生的精力，才能完成它呀！"李时珍一面行医，一面阅读大量书籍，又常常做笔记，考证材料。当他对书本上的记载有怀疑时，便翻山越岭，实地考察，希望找出正确答案。他又深入民间，搜集各种药方，因而获得了大量宝贵的医药知识。李时珍经过20多年的艰辛努力，终于写成了《本草纲目》这一本伟大的医药巨著。

　　李时珍刚出道行医时，运气不济，虽然病人不少，但疗效总是欠佳，尽管李时珍诊治疾病时小心翼翼，但仍然磕磕绊绊。有一次，李时珍治疗一个脾胃虚弱的病人，为了小心谨慎，时珍给他仅开了一包甘草粉，嘱其回家拌饭服。但未想到患者在回家的途中买了一碗面条，当时因为没有筷子，患者就随手在路边折了两根小棍当筷子将面条吃了，同时，药也吃了。结果回家没有多久这个患者就死了。原来这名患者随手在路边折的是甘遂的茎，甘遂反甘草，吃了就会死人。出了这件事后，李时珍感慨不已，以后诊治疾病更加小心。

　　后来李时珍迁到另一地方继续行医，一天，有人来请李时珍出诊。李时珍走时忽想起还有一个病人要来取药，就告诉妻子说该病人来取药时，就将灶台上那包药给他，随后就出诊去了。回来后，李时珍发现那包药还在那里，而旁边的一包砒霜不见了踪影，仔细一问，结果真是其妻将药拿错了，误将在灶台焙烤的砒霜当成患者的口服药发给了患者。吓得李时珍赶紧往那位患者的家跑去。刚跑一半，就碰上患者的家属高高兴兴地朝这个方向来了。让他没有想到的是患者家属正是来感谢他的。原来是一名妇女患了"症瘕"，腹胀疼痛，闭经。服用砒霜后，立刻下黑血一盆，腹部肿大

也随即消了，疼痛也减轻了，患者顿感精神明显恢复。于是患者家属便高兴地来感谢这位治好他家人经久不愈之病的"神医"。经过这两件事后，李时珍十分感慨，运气不济时甘草也要医死人，时来运转时砒霜也能治好人！

逐梦箴言

在这个时代，任何行业都绝对需要拥有一个开放式的头脑。任何墨守成规的人，或固执己见的人，都无法成为一个自己事业的成功者。

李时珍

我的未来不是梦

■ 换个想法，便能换来一切

一个美国女医生在非洲援助，她的丈夫林肯准备去看她。女医生在信中告诉丈夫，这里非常寂寞，大多数援助人员都忍受不了这里的生活，他们纷纷提前回国了。

在信中，女医生还告诉丈夫林肯，这里除了一些当地土著人，就是荒芜的土地，除此再没有什么可看。没有交流，没有娱乐，该有的这里都没有。让林肯做好充分的准备。

林肯不信，他到了目的地后才发现，当地的生活环境，比他想象的还要糟糕。他和爱人生活在荒漠中的小屋里，又不会土著人的语言，离开翻译寸步难行。而翻译也只是在有病人时，才陪着病人出现。没有病人的时候，也就没有翻译。

这里无人对话，没有事做。走出小屋，就是光秃秃的土地。晚上到处一片漆黑，没有路灯，只有满天的星星和讨厌的蚊子。

林肯这时才相信，为什么那么多人都离开了这里。原来谁也受不了这种可怕的孤寂。好在，林肯还是有准备的，他带了许多闲书供自己消磨时间。

这天，林肯从书中翻到一段，关于"换个想法，便能换来一切"的精辟论调。

林肯放下书本，望着裸露的非洲大地想，这种论调真是可笑，难道这种理论在这里也能适用吗？在这里，人能发财或是经商吗？林肯摇头，结论是否定的。

当然，林肯是特别希望这种论调能够成为普天下的真理，真能如此，他

也能换换自己的生活。

"换个想法，便能换来一切。"林肯虽然否认它，但还是极力试图这么去做，因为除此之外，他无事可做。"让自己换个想法"，他这样努力着。

谁想，接下来，他开始了一连串惊人的发现。在他试图改变想法的同时，他的视角开始变化，移向自己从不注意的世界。他真的有了新的发现。首先他发现了土著人的手工艺品。他想，这能不能运往外界贩卖？他还发现这里的泥土非常特别，能不能用来做陶器？

他开始离开小屋，去发现更多。结果就有更多。他发现这里有一种芨芨草，治疗外伤非常神奇，抹上之后，伤口就会慢慢愈合。那么多抹一些，增强浓度会怎样？

林肯为这些发现兴奋不已。从此，他不但不再寂寞，反而有做不完的事。

非洲没有变，荒芜的土地没有变，土著人没有变，星星更没有变。变化的只是林肯。他的想法有了不同，一切也就随之有了不同。

在后来的几年里，林肯成了美国商界大富翁。他打开了非洲市场，为非洲的发展做出了自己的贡献。许多新奇的玩意被他发现，林肯如同我们许多人一样，他的改变不在别人和外界，而在自己内心的想法发生了巨变。

据世界科学协会对500例重大科学贡献的调查证明，许多科学奇迹早就存在于世。艰难的是，我们固有的看法必须打破。我们的目光是否能跟随我们的想法转移。

逐梦箴言

"换个想法"，直到现在，科学家们每天所做的种种探索有90%仍然如此。要打破的，最难打破的，就是换个想法。我们的想法能否改变？只要改变，跟随而来的就是那些早已存在于世的无穷奇迹！

"换个想法"是天下任何科学、宗教以及我们日常生活的核心，也是世上最伟大的学说。

我的未来不是梦

■ 革新中医

　　清末民初,西学东渐,西医学在我国流传甚快。当时在医界德高望重的张锡纯结合中医的情况,认真学习和研究西医新说,沟通融会中西医,按他的说法:"今汇集十余年经验之方","又兼采西人之说与方中义理相发明,辑为八卷,名之曰《医学衷中参西录》。"从其著作命名足以看出作者的用心良苦。衷中者,根本也,不背叛祖宗,同道无异议,是立业之基;参西者,辅助也,借鉴有益的,师门无厚非,为发展之翼。针对当时中西两医互不合作的现象,张氏主张:"西医用药在局部,是重在病之标也;中医用药求原因,是重在病之本也。究之标本原宜兼顾。""由斯知中药与西药相助为理,诚能相得益彰。"并验证于临床:典型如石膏阿司匹林汤。张氏自叙:"石膏之性,又最宜与西药阿司匹林并用。盖石膏清热之力虽大,而发表之力稍轻。阿司匹林味酸性凉,最善达表,使内郁之热由表解散,与石膏相助为理,实有相得益彰之妙也。"再有治阴虚发热,肺痨,用醴泉饮送服阿司匹林;治肺病发热,以阿司匹林代替石膏发汗;治癫痫,用西药镇静剂与中药清火、涤痰、理气之品配伍;治梦遗,加溴化钾或水合氯醛以增加镇脑安神之功。以上表明,张锡纯开创我国中西医结合事业功不可没。

　　为了振兴中医,施今墨开过医院,办过药厂,但都失败了。最终施今墨认识到:振兴中医在于人,要有高质量的中医人才,必须办学,使自己的学术思想最终为更多的中医所掌握,中医事业就会有长足的发展。1931年,施今墨筹办了华北国医学院。他热爱祖国医学,但不讳中医之短,不嫉西

医之长，大力提倡革新中医。他明确指出："吾以为中医之改进方法，舍借用西医之生理、病理以互相佐证，实无别途。"他把这一思想也贯彻到办学方针之中。在华北国医学院的课程设置上，以中医理论为主，设立《内经》、《伤寒论》、《金匮要略》、《难经》、《温病条辨》等课程；以西医理论为辅，设立了生理、病理、解剖、药理等课程。施今墨注重实践，在带学生实习时，吸收了西医的检查和化验手段。还经常和西医专家姜泗长等人切磋医疗方法，不断探索中西医结合的治疗新途径。他善采百家之长，总结经验，不断充实自己。他听说上海名医丁甘仁的医学造诣很深，曾乔装病人，多次前往求医，仔细观察丁诊病过程，很得启发，认为丁甘仁的理、法、方、药运用规范，临床医案经过整理后颇有参考价值。为利于学生学习，他在华北国医学院以丁甘仁医案为教材，亲自讲授。施今墨在临床上，不分中医、西医，不分经方、时方，只要利于治病，均随手拈来。他曾对学生说："全面精查，苦心探索，灵活运用，谨密掌握，选方准病，选药准方，不可执一方以论病，不可执一药以论方，不可循一家之好而有失，不可肆一派之专而致误，其有厌学图便者，只敦用少数之成方、单方以统治万病，非吾之徒也。"在他的影响下，学生对经方、时方无门户之见，能灵活运用，临床上都有较好的疗效。华北国医学院学生的毕业论文也具有较高水平，获得中医界赞许。

在施今墨办学的十几年中，共办 16 期，毕业学生 600 余人，现分布在全国，都是中医的骨干。施今墨认为，疗效是检验医生理论是否正确的标准。学习、继承祖国医学理论，必须与临床实际相结合，要敢于突破，推陈出新。对于外感热性病，历来医家都强调其病因是外邪所致。施今墨说："余意不论其为外感风寒或温热，不论其为传染性或非传染性，必须外因内因结合起来看。六淫，疫病之邪皆为外因，若单纯外因亦不均能致病，例如流行性感冒病毒，其传染性颇高，传播最为广泛，然而流行区域亦非百分之百均染是病。又如夏日酷暑，温热蕴郁，但中暑者究竟不是多数，'邪之所凑，其气必虚'，外因通过内因始生作用，确为至理名言"；又说："外感热性病，多属内有蓄热，外感风邪，治疗时应既解表寒又清里热，用药时表里比重必须恰当。"于是施今墨创出"按比例清解表里之说"，寓西医之定量、定

我的未来不是梦

性,又寓张锡钝之清热、解表于其中,谓之"七清三解(清里药味与解表药味的比例为七比三,余此类推),六清四解、五清五解、三清七解诸法"。在临床中示明表里关系,非常实用。运用他的这个理论遣方用方,感冒发热,往往只两三剂药,应手而愈。施今墨所创制的"感冒丹",因作用在于调摄阴阳,增强人体抵御疾病能力,疗效显著,所以行销东南亚乃至西欧,为广大华侨所喜爱。

逐梦箴言

做任何一行,最忌讳自以为是、死守过去经验的工作态度。世界是充满变化的,若不能跟着潮流脉博而调整自己的步伐,势必会被时代所遗弃。只有拥有开放式的头脑,如海绵般不停吸取新知识,才能适应这个日新月异的时代。

知识链接

18—45 岁,近视度数<1200 度,可做准分子激光近视眼手术。年龄在 18 岁以下,近视度数不稳定,近年仍有逐年加深趋势,近视度数>1200 度,眼部有活动性病变(如炎症、青光眼、干眼症等),角膜中央厚度<450 微米,有其他严重眼病(如圆锥角膜等),有自身免疫性疾病、瘢痕体质及严重糖尿病者等,都不能做准分子激光近视眼手术。

　第八章 维新进取

智慧心语

保守是舒服的产物。

——高尔基

我们的科学史，只写某人某人取得成功，在成功者之前探索道路的，发现"此路不通"的失败者统统不写，这是很不公平的。

——爱因斯坦

距离已经消失，要么创新，要么死亡。

——托马斯·彼得斯

我的未来不是梦

169

第九章

行医是一种艺术

◎导读◎

　　我欲成医，道何在？奥斯勒在 1903 年演讲《行医的金科玉律》时这么说："行医是一种艺术而非交易，是一种使命而非行业。在这个使命当中，用心要如同用脑。"他在《医学原则与实务》说道："从每个病人身上，才可以看到医学的奇妙与特别，而不是从病人的表征上来寻求这些。""要从生命的诗句上来鼓舞我们每天例行的诊疗工作。""要从日常病房工作中接触的平凡人身上，感受他们的爱和喜悦，他们的忧伤与悲痛。"

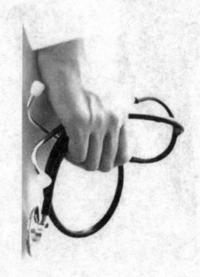

■ 特鲁多的故事

撒拉纳克湖是美国并不知名的一个地方,在这个静静的湖畔有一座坟墓。

90多年来,一拨又一拨世界各地的游客慕名前来,为了拜谒一位长眠于此的"无名"医生特鲁多博士,也为重温那则墓志铭:"to cure sometimes; to relieve often; to comfort always",流传极广的中文翻译非常简洁而富有哲理:"有时去治病,常常去帮助,总是去安慰。"有时、常常、总是,像三个阶梯,一步步升华出三种为医的境界。

1837年,年轻的特鲁多医生罹患结核病,只身来到人烟稀少的撒拉纳克湖畔等待死亡。远离城市喧嚣的他沉醉在对过去美好生活的回忆中,间或上山走走,打打猎,过着悠闲的日子。渐渐地,他惊奇地发现自己的体力在恢复,不久居然顺利地完成了未竟的学业,获得了博士学位。于是,特鲁多继续回到城市里行医。奇怪的是,每当他在城里住上一段时间,结核病就会复发,而一旦回到撒拉纳克湖地区,又会恢复体力和激情。1876年,特鲁多迁居到了荒野之地撒拉纳克湖畔。

1884年,特鲁多用朋友捐赠的400多美元,创建了第一家专门的结核病疗养院"村舍疗养院",在19世纪末期的美国,走在了结核病治疗和研究领域的前沿。特鲁多成了美国首位分离出结核杆菌的人。他创办了一所"结核病大学",对病人生理和心理上的许多照料方法至今仍被沿用着。

1915年,特鲁多死于结核病——毫无疑问,他比当时人们预计的要活得长得多。他被埋葬在撒拉纳克湖畔,墓碑上刻着的话,即是他一辈子行

我的未来不是梦

杏林仁者

医生涯的座右铭。

　　每次听到有人说起"有时去治病，常常去帮助，总是去安慰"，这温馨暖人的话语，不自觉地对医生这个行业肃然起敬，其实我们对医生的要求不可谓不苛刻，然而确实有那么多可敬可爱的医生为我们呈现出更加超出我们想象的职业操守，我们庆幸有他们的存在，让我们看到在人类与病痛抗争的路上所升起的一个又一个温暖的希望。

■ 扁鹊对自己的认知

扁鹊云游各国，为君侯看病，也为百姓除疾，名扬天下。他的技术十分全面，无所不通。在邯郸听说当地尊重妇女，便做了带下医（妇科医生）。在洛阳，因为那里很尊重老人，他就做了专治老年病的医生。秦国人最爱儿童，他又在那里做了儿科大夫，不论在哪里，都是声名大振。

魏文王求教于名医扁鹊："你们家兄弟三人，都精于医术，谁是医术最好的呢？"扁鹊："大哥最好，二哥差些，我是三人中最差的一个。"

魏王不解地说："请你介绍得详细些。"

扁鹊解释说："大哥治病，是在病情发作之前，那时候病人自己还不觉得有病，但大哥就下药铲除了病根，使他的医术难以被人认可，所以没有名气，只是在我们家中被推崇备至。我的二哥治病，是在病初起之时，症状尚不十分明显，病人也没有觉得痛苦，二哥就能药到病除，使乡里人都认为二哥只是治小病很灵。我治病，都是在病情十分严重之时，病人痛苦万分，病人家属心急如焚。此时，他们看到我在经脉上穿刺，用针放血，或在患处敷以毒药以毒攻毒，或动大手术直指病灶，使重病人病情得到缓解或很快治愈，所以我名闻天下。"

无论从事哪个职业，除了把本职工作做好，也应做一些自我的认知，为民众服务的行业，在芸芸众口的或赞扬或贬斥的语言中，很容易迷失自己，对自己的职业概念越来越模糊，似扁鹊这样，能这般深入骨髓的自我剖析，保持对自己最清醒的认识，无怪乎扁鹊在千年后还作为神医的代名词被口

口相传,同时想来这也是扁鹊之所以成为名医的原因之一吧。

扁鹊在秦国时,秦武王请扁鹊看病。扁鹊认为,没问题,建议及早医治。这时秦武王左右近臣却说扁鹊坏话:"大王您的病在耳朵前面,眼睛下面,让扁鹊治疗未必能治好,弄不好反而会使耳朵听不清,眼睛看不明。"

武王把这话告诉了扁鹊,说不吃扁鹊开的药。扁鹊听了非常生气,把治病的砭石一丢,说:"君王同懂医术的人商量治病,又同不懂医道的人一道讨论,干扰治疗,就凭这,可以了解到秦国的内政,你与有知识的人共事可以得天下,治天下,与无知之辈同谋,将会失去天下。从今天这件事可以推知秦国的事,如果再这样下去,君王随时都有亡国的危险!"扁鹊的话批评了秦武王,也得罪了一些近臣。太医令李醯自知医术不如扁鹊,对扁鹊怀恨在心,就在扁鹊离开咸阳东归的路上,李醯派人刺杀了扁鹊。一代名医死于非命。

一代名医的离世,固然让人扼腕叹息,然而他的话也算是应验得很,这秦武王没过多久死在别人算计下(扛鼎时砸脚上了,不治而死),可是扁鹊对于自己职业的维护的自傲,却道出了一点,不是谁都可以随便地说道医术的,不具备这个本领千万别胡言乱语,免得误人害己。

■ 人性化的关怀

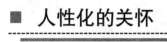

　　有一天,明朝著名医药学家李时珍先后为两个病情相同的病人开方,待病人走后,他的学生不解地问老师:"刚才两个人都是发烧怕冷,为什么你对那个老人用药轻,而对那个小孩用药量反而重呢?"

　　李时珍笑了笑说:"那个老人已是风烛残年,他反复说自己病重难好,回去后必定会多喝药汁,药量轻些反倒合适,而那小孩年幼无知,刚才看他烦躁啼哭,等到大人喂药时想必哭哭闹闹、撒撒泼泼,能喂进多少呢? 所以药量自然要大些。俗话说'十个病人十个样',可不能一样对待啊!"

　　掩卷之时,除了感受一代大医为人之细心,更有这细心背后的医者情怀让人唏嘘不已,盛名之下,却有许多让人怦然心动的魅力所在。

■ 花香不散

一个男孩 14 岁那年，全家搬到一个台湾南部的小渔村。因为贫穷，孩子们生病时，母亲不敢带他们去看医生——她付不起医药费。有一天，小弟发高烧，咳嗽严重到一定程度，母亲不得不鼓起勇气去找村子里的医生。他们都被带去了。四个年龄不同、高高矮矮的孩子一字排开，愣愣地站在这个乡村医生的对面。他很安静，几乎不说话，偶尔开口，声音轻柔，说的话他们却听不十分懂，是带地方腔的闽南语，还有日语。

林医师仔细地检查孩子的身体，把护士拿过来的药塞进母亲的手里，用听不懂的语言教导她怎么照顾孩子，然后，坚持不收母亲的钱。此后，一直到四个孩子都长大，他不曾接受过母亲的付费。

那是这个男孩记忆中第一个医生。那个小小的诊疗室，几乎没什么家具，地板是光秃秃的水泥，却是一尘不染。诊疗室外连着一个窄窄的院落，洒进墙里的阳光照亮了花草油晶晶的叶子。茉莉花盛开，香气一直在房间里绕着不散。

医者的爱心，成了弥漫在孩子生命中久散不去的馨香，一言一行，所作所为，让一个孩子感受到了医生的美好，我们除却感动于孩子的幸福，也感受到医生的大爱所在。

富贵浮云

华佗,中国古代杰出的医学家,被称为"神医"。《后汉书》《三国志》都载入了《方技传》,反映了统治阶级对科技的轻视。华佗不慕爵禄,潜心研究学习医药,所以在许多方面都取得了突出的成就,反映了中国 2 世纪时的医学水平。

华佗,一生行医,对外科、内科、妇科、针灸、寄生虫病和医疗体育保健等方面,都有独道的见解和精湛的医术。

华佗是中国古代一位杰出的医学家,他擅长外科手术,是中国医学史上第一个施行剖腹手术的外科医生。为了减轻病人的痛苦,他发明了一种能全身麻醉的药物即麻沸散。而欧美使用全身麻醉术是 19 世纪初的事,比中国迟了 1600 多年。

华佗高明之处,就是能批判地继承前人的学术成果,在总结前人经验的基础上,创立新的学说。华佗除系统地接受古代的医疗经验外,还能很好地重视和应用民间的医疗经验。

他一生游历了不少地方,到处采集草药,向群众学习医药知识。在向民间找药的同时,还从民间搜集了不少单方,经常用这些单方来治病。

华佗生活的年代,正值我国东汉末年,当时宦官专权,政治腐败。由于连年战乱,政府对农民的徭役、赋税不断增加,广大劳动人民生活痛苦不堪。华佗对百姓的不幸非常同情,他发誓要为解除百姓痛苦贡献自己的一切。

我的未来不是梦

华佗长年在民间行医，与广大劳动群众建立了深厚的感情，只要遇见病人，他就热心地医治，从不计报酬。

有一次，华佗给一个船夫看病，经诊断是脾脏烂了。他给船夫喝了自制的麻沸散，打开肚皮，把溃烂的部分除去，然后缝合好伤口，又给他吃了点药，一个月左右病人就痊愈了。

又有一次，他在路上遇到一个咽喉阻塞病患者，病人吃不下东西，只是呻吟不止，十分痛苦。华佗看后什么也没说，走到路旁的一家铺子里，找主人要了一碗蒜泥加醋，经他调和，给病人灌了下去。不一会，一条长长的虫子从病人嘴里吐了出来，病人立即就好了。病人全家对华佗感激不尽，要重谢他。华佗再三推辞后，头也不回地赶路去了。

华佗给人看病，非常认真仔细，他根据患者的不同情况，注意发病特点，做到对症下药，效果显著。一次，两个病人都来看病，二人都是头痛发烧。华佗一一检查了他们的病情后，给他们二人开了截然不同的两种药。他让一个病人吃泻药，而让另一个病人吃发散的药。两人迷惑不解。华佗耐心地对他们说："你二人虽然都是头痛发烧，但引起的原因不同。一个是伤食，吃得太多了；另一个是外感风寒引起感冒。所以你们的药就不一样哩！"说得病人解除了疑虑。他们按华佗的要求服了药，第二天果然全都好了。

东阳地区有个叫陈叔山的，他两岁的儿子患了病。华佗听说以后，连夜赶到那里。原来陈叔山的儿子患了痢疾，生命危在旦夕，幸亏华佗及时赶到，才挽救了他的性命。

华佗给人看病，不讲价钱，不怕路遥，不辞辛劳，人们非常喜欢这位仁心仁术的医生。

当时，挟天子以令诸侯的曹操，称雄中原。有一天，他头疼如裂，派人去把华佗找来。华佗来了以后，仔细给他进行了诊断，确定他是偏头风病。他取出银针，在曹操的头上只扎了几针，头疼马上就止住了。曹操见华佗果然医术高明，就想把他留在自己的身边，并许以高官厚禄。但华佗拒绝了曹操的要求，他不愿意留在许昌享清福，他要为天下广大百姓排苦难。

为了脱身，他谎称自己的妻子病了。这一方法果然奏效，曹操放他回家照看妻子，要他妻子的病好以后立即返回。谁知华佗一走，许多天都没有回来。原来，他惦记着乡亲父老，惦记着他的病人。离开曹操以后，他又云游四方，为人民行医看病去了。

曹操哪肯罢休，气冲冲地派人把华佗抓了回来。此时，曹操的头疼病又复发了，他让华佗给他看病。华佗放心不下他的病人，请求给曹操治完病后立即放他回去，曹操没有答应。华佗一气之下拒绝给曹操针灸，曹操用死要挟他。华佗毫无惧色，大义凛然。曹操没有办法，将他打入了死牢。华佗知道自己在劫难逃，就托人拿来笔砚，把自己多年来行医看病的心得体会写了几本书，在临刑的前一天送给了狱卒，托他把这些宝贵的经验传下去，为人民免除病忧。谁知狱卒胆小怕事，不敢接受华佗的医书。无奈何，华佗只好眼含热泪，将这些材料扔在火中烧掉。第二天，曹操派人杀了华佗。一代名医就这样告别了人间。

华佗被害至今已 1700 多年了，但人民永远怀念他。江苏徐州有华佗纪念墓；沛县有华祖庙，庙里的一副对联，抒发了作者的感情，总结了华佗的一生："医者剖腹，实别开岐圣门庭，谁知狱吏庸才，致使遗书归一炬；士贵洁身，岂屑侍奸雄左右，独憾史臣曲笔，反将厌事谤千秋。"

人活一世，草木一秋。有些被铭记，历久弥芳；有些被淡忘，飘然不见。富贵，不是不爱，只是对于有些人来说，却是只能直中取，却不可曲中求。没哪个行业是最完美的无私奉献，但是在取得该取的，不当取的，不可取的，取了失了做人的道义，折了立世的根本，那么富贵，只能让他做浮云飘散了。

■ 孙思邈说医理

"初唐四杰"之一的卢照邻问了老师一个问题："名医能治愈疑难的疾病，是什么原因呢？"孙思邈的回答十分精彩，也足见其医学上的造诣颇深。他答道："对天道变化了如指掌的人，必然可以参政于人事；对人体疾病了解透彻的人也必须根源于天道变化的规律。天候有四季，有五行，相互更替，犹似轮转。那么又是如何运转呢？天道之气和顺而为雨；愤怒起来便化为风；凝结而成霜雾；张扬发散就是彩虹。这是天道规律，人也相对应于四肢五脏，昼行夜寝，呼吸精气，吐故纳新。人身之气流注周身而成营气、卫气；彰显于志则显现于气色精神；发于外则为音声，这就是人身的自然规律。阴阳之道，天人相应，人身的阴阳与自然界并没什么差别。人身的阴阳失去常度时，人体气血上冲则发热；气血不通则生寒；气血蓄结生成瘤及赘物；气血下陷成痈疽；气血狂越奔腾就是气喘乏力；气血枯竭就会精神衰竭。各种征候都显现在外，气血的变化也表现在形貌上，天地不也是如此吗？"

孙思邈说："胆欲大而心欲小，智欲圆而行欲方。""胆大"是要有如赳赳武夫般自信而有气质；"心小"是要如同在薄冰上行走，在峭壁边落足一样时时小心谨慎；"智圆"是指遇事圆活机变，不得拘泥，须有制敌机先的能力；"行方"是指不贪名、不夺利，心中自有坦荡天地。这就是孙思邈对于良医的要求。

其实何止于医者，仅从为人的角度上来讲，想在一个行业取得杰出的成就，就要有不同于常人的见识，对于这个行业深到骨髓的认知，这都需要你的气度、你的担当，这是与成功并行不悖的道理所在。

■ 给自己做手术的医生

　　1961 年春天，全世界最耳熟能详的名字除了宇航员尤里·加加林之外，当数苏联南极科考站年轻的驻站医生列昂尼德·罗戈佐夫了。那一年，他前所未有地为自己实施了一次成功的阑尾切除手术，年轻的他因创造了医学神话而名扬世界。诗人歌手弗拉基米尔·维索茨基专门为他写了一首歌，以他的事迹为题材的书籍和电影也传遍了全球。然而，医生那隐藏在传奇背后戏剧性的现实生活却鲜为人知。他的儿子弗拉基斯拉夫首次亮相俄罗斯媒体，真情讲述了父亲以及自己的生活。

　　1960 年的 10 月，苏联第六南极考察队一行 13 人开赴地球最南端——南极洲，准备在那里建立"新拉扎列夫"考察站。罗戈佐夫那时才 27 岁，刚刚从列宁格勒儿科医学院毕业进入临床研究所。令所有人都没有想到的是，在南极的第 7 个月发生的一件事使他从默默无闻一下子名扬天下。

　　"1961 年 4 月 29 日，罗戈佐夫感觉十分不舒服，呕吐，发烧，腹部右侧疼痛无比。"南北极科学博物馆副馆长玛利亚·杜卡尔斯卡娅说道，"作为一名医生，罗戈佐夫迅速对自己作出诊断——急性阑尾炎。一开始他尝试保守疗法——抗生素、寒冷和饥饿，但病情丝毫没有减轻。南极洲的四月已是晚秋时节，天气十分恶劣，想要把生病的考察人员从这离岸 80 千米的考察站送出去那是根本不可能的。罗戈佐夫心里明白：他就是那方圆数百里唯一的医生，如果不给自己实施手术，那么就只有等待死亡了。

　　"手术是在夜间进行的。在队友的帮助下，罗戈佐夫首先实施了局部

我的未来不是梦

麻醉。然后，气象工作者传递工具，机械工程师在他的腹部支撑起一面镜子，罗戈佐夫在自己身上划下了一个 12 厘米长的切口。'我的助手们十分可怜。当最后一刻我看他们时，他们站在床前，脸色比床单还要煞白'，罗戈佐夫在自己的日记里写道。'我也感到十分恐惧。但当我拿起装满奴佛卡因的注射器为自己注射，自然而然地开始进行手术时，脑子里再也没有想别的。'

"手术持续了 1 个小时 45 分钟。7 天之后，罗戈佐夫就给自己拆了线，并重新回到了工作岗位上。他身兼数职，医生、气象工作者甚至司机。1961年的年底，罗戈佐夫带着英雄的荣誉回到了列宁格勒。"

所有报纸都在报道罗戈佐夫的事迹，一袋袋信件从世界各地纷至沓来。其中一封来自捷克斯洛伐克医学院女大学生马尔泽拉的信深深地吸引着罗戈佐夫。他立刻给马尔泽拉写了回信，二人还保持着通讯联系。不久之后，罗戈佐夫去布拉格给当地的医生讲课，在课堂上发现了前来听课的马尔泽拉。两个年轻人一见钟情，并迅速坠入爱河。罗戈佐夫经常去往布拉格看望心爱的姑娘，给她送花，手牵着手散步……那甜蜜幸福的样子令所有人都羡慕不已。

1969 年 1 月 30 日，罗戈佐夫和马尔泽拉举行了婚礼。那时正值苏联军队入侵捷克斯洛伐克半年之际，马尔泽拉因她的俄罗斯丈夫而遭受了虐待。人们朝她家的窗户上扔石头，扬言要把她的父亲绞死在街头。但是相爱着的两位年轻人仍然坚持要在一起。在列宁格勒，马尔泽拉完成了在医学院的学业，并生下了儿子弗拉基斯拉夫和女儿叶琳娜。

7 年之后，这段曾经炽热的感情还是走到了尽头。那时候，当医生的罗戈佐夫经常收到病人们为了表示感谢而送来的酒。殊不知，正是这些礼物让他陷入嗜酒的深渊，也把他的家庭推向了破裂的边缘。

"当父亲不喝酒时，我们还拥有一个幸福的家庭。一家人经常一起钓鱼，或沿着河边散步，"弗拉基斯拉夫说道，"但如果父亲喝醉了回到家，那么不幸就开始了。父亲从来不打孩子，所有的拳头都落到了母亲身上。她经常被打得青一块紫一块的，只好躲到熟人家里或在火车站里过夜。有一

次，为了活命，她从 3 楼的窗户跳下来，把腿给摔坏了。"

为了不让妻子回到捷克斯洛伐克，罗戈佐夫把她所有的证件都销毁了。无奈的马尔泽拉偷偷地办理了新的护照，借着一个特别的时机，带着 5 岁的弗拉基斯拉夫和 3 岁的叶琳娜回到了捷克斯洛伐克。

"报纸上说母亲是因为想念家乡才离开的。其实母亲很想留在列宁格勒，那里有她的工作和朋友。母亲是第四产科医院的妇产科医生，她还给大学生们上课。但为了活命，她不得不离开酒鬼父亲。他们就那样离婚了，从那以后我再也没见过父亲。而他也从没想过请求我们的原谅，从没来看望过我们。只是给我们寄了很多信件，信里说他一个人生活很孤单。"

5 年之后，马尔泽拉嫁给了一位捷克人，他们一直生活到现在。政治原因使得马尔泽拉的境地显得十分尴尬，要知道她是离开了英雄罗戈佐夫，离开了伟大的苏联。那时的她想要找份工作并不容易。于是，作为一名家庭医生的她开了一家自己的门诊部，来就诊的人成千上万。

罗戈佐夫再娶了一位保加利亚人，不久之后他又离婚了。据说，罗戈佐夫仍旧嗜酒如命，甚至整日都不在研究所里待着。由于切除肿瘤之后的并发症，罗戈佐夫于 2000 年 9 月逝世。也许，罗戈佐夫从没想到他的儿女们也都成了医生。叶琳娜成为捷克北部的一名家庭医生，弗拉基斯拉夫当上了麻醉师、重症监护心脏手术专家，就职于布拉格实验临床医学院，并在卡尔洛夫大学医学系任教。

2005 年，弗拉基斯拉夫开始在英国谢菲尔德大学的医院任职。"当我年满 30 岁的时候，我觉得我应该忘掉过去，去看望父亲。然而就在这一年父亲去世了。全世界再一次流传罗戈佐夫的名字，很多电影院都在播放电影《大海的主人》。其中有一个镜头讲述一位在舰艇上受伤，然后从自己腹部取出子弹的医生的故事。这个故事正是以我父亲为原型的。直到这时我才知道他曾经拥有过的光荣。英国医学杂志上还报道了这独一无二的手术，当杂志出版之后，我收到了来自世界各地的信件——他们对父亲充满了尊敬和赞许。从那以后，我多次前往彼得堡为父亲扫墓。从前没有勇气原谅父亲，现在我为此感到深深的悔恨。"

我的未来不是梦

杏林仁者

人的一生会发生什么固然不可预料,可是作为你需要恪守的东西却要在心中始终昂扬伫立,医生也是平凡的人,医生也有种种悲欢过往,但是当你选择从事这个行业的伊始,就要有把这个职业做得精彩的梦想,哪怕那精彩也许暂时湮没不为人所知,可你要相信时间的力量,相信你的梦想。

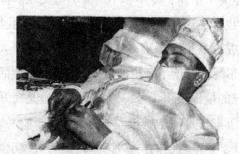

列昂尼德·罗戈佐夫

第十章

我的未来不是梦

·导读·

医生是个平凡的职业,但又是个神圣的职业,爱默生说过:"只要生命还可珍贵,医生这个职业就永远倍受崇拜。"

"选择医学可能是偶然,但你一旦选择了,就必须用一生的忠诚和热情去对待它",这是钟南山先生对医学的理解。

那么,就请拿出你的忠诚与热情去实现梦想吧!

医生如是说

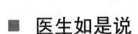

　　《大医习业第一》云："凡欲为大医，必须谙《素问》、《甲乙黄帝针经》、《明堂流注》、《十二经脉》、《三部九候》、《五脏六腑》、《表里孔穴》、《本草药对》，张仲景、王叔和……等诸部经方……并须精熟如此，乃得为大医……次须熟读此方，寻思妙理，留意钻研，始可与言于医道者矣。"从具备全面、精湛的医疗知识和技术等专业素养上进行规范，习医者应"博极医源，精勤不倦"，不能"道听途说"。

　　《大医精诚第二》云："凡大医治病，必当安神定志，无欲无求，先发大慈恻隐之心，誓愿普救含灵之苦；若有疾厄来求救者，不得问其贵贱贫富，长幼妍媸，怨亲善友，华夷愚智，普同一等，皆如至亲之想；亦不得瞻前顾后，自虑吉凶，护惜身命；见彼苦恼，若己有之，深心凄怆；勿避险峻，昼夜寒暑，饥渴疲劳，一心赴救。无作功夫形迹之心，如此可为苍生大医。"从救死扶伤、济世活人的医德方面提出要求。

　　《备急千金要方》云："夫大医之体，欲得澄神内视，望之俨然，宽裕汪汪，不皎不昧，省病诊疾，至意深心，详察形候，丝毫勿失；处判针药，无得参差。虽曰病宜速救，要须临事不惑，唯当审谛覃思，不得于性命之上，率尔自逞俊快，邀射名誉，甚不仁矣。……医人不得恃己所长，专心经略财物"。从认真负责、高尚情操的医风方面提出要求，强调"人命至重，有贵千金，一方济之，德逾于此。"

　　这些看来字字切心，作为医生虽然忙碌，仍愿意静下心来倾听病人的

杏林仁者

苦楚;作为护士不顾疲惫,不在意责备,整夜奔波尽职尽分;最感动人心的,是医生对病人的尊重与照顾,是那颗亲人般体贴的心,如此所为,怎么会不让人记挂他们,感恩他们呢?

　　人在重病的时候,也是内心最脆弱的时候,最需要关怀与帮助的时候,此时,一句体贴的话,一个细微的动作,都在感动着病人的心。

　　为医若能如此,真是天下苍生的恩泽庇荫!

■ 我们可以这样来做"它"

医学教育家威廉·奥斯勒："医学实践的弊端在于：历史洞察的贫乏，科学与人文的断裂，技术进步与人道主义的疏离。"

"人类对疾病的认识是非常有限的。疾病，从宏观上来讲是不可能被人类征服的"，不能要求医生把病都治好，这是医学的局限性。

病人是医生真正的老师，真正使医生能力提高的人是病人，病人是病理现象的展现者，医生的双眼只有在病人面前才能焕发智慧。

因此，我们要敬畏生命，生命对于每个人都只有一次。我们要敬畏病人，因为他把这唯一的生命交给你。我们要敬畏医学，因为医学是一个未知数最多的瀚海。

医生与病人，请各位注意这三句话："有时去治病，常常去帮助，总是去安慰。"医学总是随着整个社会的发展而发展。医学就像一辆行驶在高速公路上的破车。所以，医疗行为噤若寒蝉，医生的手因谨慎而颤抖。

"要有完备的知识基础、优秀的思维品质、有效的工作方法、和谐的相互关系、健康的身心状态"。

做医生，要学点文学、学点艺术、学点哲学。

做医生的必须要有整体的眼光与宁静的心灵，我们要保持对医学人文的眷顾。

科学不需要人们为之动情，而需要人们的理解。医学既需要人们的理解，也需要人们为之动情。

如何做一位好医生？这个古老的问题，从有了医学的那一天起，就伴随着那些希望深切理解医生这个职业的思考者。

让我们在《医者仁心》中武明训对姚淑云家属的一段旁白中结束：如果你从来不了解医生的生活，那么请让我告诉你，生命就是这样脆弱，而生命的危机和转机也在转眼之间，危机与转机，就是生死线，而医生的生活，就是踏在这条线上。也正因如此，每个准备从事这个行业或正在从事这个行业的人们，了解医生的伟大，更知道医生的艰辛，同时也更应无愧于古往今来人们对于这个行业的期待和赞许，让医生的这个名号在时空的长河中永远熠熠生辉。